진보도 싫고,
보수도 싫은데요

진보도 싫고,
보수도 싫은데요

청년 정치인의 현실 정치 브리핑

초판인쇄 2020년 3월 2일
초판발행 2020년 3월 2일

지은이 이동수
펴낸이 채종준
기획·편집 이강임
디자인 김예리
마케팅 문선영

펴낸곳 한국학술정보(주)
주소 경기도 파주시 회동길 230(문발동)
전화 031 908 3181(대표)
팩스 031 908 3189
홈페이지 http://ebook.kstudy.com
E-mail 출판사업부 publish@kstudy.com
등록 제일산-115호(2000. 6. 19)

ISBN 978-89-268-9870-3 13330

진보도 싫고,
보수도 싫은데요

청년 정치인의 현실 정치 브리핑

이동수 **지음**

이담
Books

진보도 싫고, 보수도 싫은데요

조국 전 법무부 장관 일가의 각종 의혹으로 촉발된 '조국 사태'는 대한민국을 둘로 쪼갰다. 두 진영은 서초동과 광화문으로 상징되는 공간에 매주 나섰고, 그곳은 검찰개혁 또는 조국사퇴 구호로 가득 찼다. 사태는 조 전 장관이 물러나면서 일단락되었지만 그렇다고 갈등이 봉합된 것은 아니다. 아마 선거가 끝나도 주도권을 잡기 위한 지저분한 싸움은 계속될 것이다.

정치의 역할은 사회적 갈등을 조정하고 한정된 자원을 배분하는 것이라고, 우리는 교과서에서 배웠다. 그러나 정치가 그런 모습을 보여준 적은 별로 없다. 오히려 당리당략에 따라 별것 아닌 일도 크게 부풀리는 경우가 허다했다. 국회에서는 투쟁·삭발·단식·막말이 끊이지 않았다. 시민으로서 기본적 소양조차 갖추지 못한 사람들이 정치하고 있는 걸 보고 있으면 부아가 치밀어 오르기도 한다. 그런데 어쩌랴 현실인걸.

어쩌다 우리 정치는 이 지경이 되었을까? 라는 질문에서 이 책은 시작되었다. 한국정치를 이렇게 만든, 정치양극화를 가져온 제도적·문화적 원인들을 짚어보고 그 대안을 모색하고자 했다. 그리고 그런 환경에서 청년들의 정치는 어떻게 소외되고 외면받고 있는지도 다루었다.

정치가 제 역할을 못하면 우리의 일상이 망가진다. 앞으로 닥칠 미래를 대비하지 못하는 것은 물론, 당장 눈앞에 산적한 현안들도 해결할 수 없다. 그래도 예전 정치는 민생 민생하며 국민들 일상을 챙기는 시늉이라도 냈는데 요즘은 그런 모습조차 보이지 않는다. 국민의 목소리에는 귀를 닫고 극성맞은 지지층과 이익집단의 목소리에 휘둘리고 있을 뿐이다. 여의도에는 상대방에 대한 절대적인 증오와 내 편에 대한 맹목적인 감싸기만 남았다. 정치적 간극이 계속 벌어진다면 우리의 삶은 더욱 비참해질 것이다. 지금이라도 그 간극을 줄이기 위해 노력해야 한다.

요즘 주변의 많은 친구들이 "진보도 싫고 보수도 싫다"고 말한다. 선거 때마다 우리는 언제나 차악을 선택했지만, 요즘엔 더더욱 찍고 싶은 정당이 없다고들 한다. 그래서 투표를 안 하겠다는 사람도 꽤 생겼다. 아마 현재 2030세대는 대체로 비슷한 생각들을 공유하고 있을 것이다.

그러나 정치에서 멀어질수록 손해 보는 것은 우리 자신이다.

우리가 스스로에게 주어진 권리를 포기할수록, 고정지지층을 가지고 있는 양극단의 정치세력에게는 호재다. 부동층의 투표 포기는 선거의 불확실성이 줄어든다는 걸 의미하기 때문이다. 기성 정치인들에게 이보다 좋은 환경은 없다. 피곤하고 지루하더라도 정치에 대한 관심과 감시의 끈을 놓아서는 안 되는 이유가 여기에 있다.

이 책에는 짧게는 20대 후반, 길게는 청소년 시절부터 지금까지 정치에 직·간접적으로 참여하며 보고 느낀 내용들을 담았다. 기존에 언론에 기고했던 글 세 편도 일부 가공해서 다시 실었다. 아무래도 현실정치에 엮인 게 있다 보니 노골적인 표현은 자제했지만, 문맥만으로도 누구를 비판하는지 이해하실 거라고 믿는다. 글을 읽다가 떠오르는 사람이 있다면 그 사람이 맞다. 부족한 부분이 많겠지만 또래 세대들이 정치를 친근하고 유익하게 느끼는데 보탬이 되었으면 하는 바람이다.

앞으로도 정치든 책이든 좋은 활동들로 보답하고 싶다. 이 책을 만들어주시고, 기대해주시고, 사주시고, 읽고 계신 모든 분들에게 감사드린다.

2020년 2월
이동수 드림

이승준 한겨레21 기자

　2017년 6월 청년정치크루로 활동하던 동수 씨를 만났다. 그는 당시 여야 의원실과 함께 '취업 준비생 보호법' 입법 프로젝트를 진행하고 있었다. 20대가 자신이 처한 문제에 목소리를 내는 것은 새롭지 않았지만 입법 성공 가능성을 높이기 위해 여야 의원 모두를 설득해 프로젝트를 이끌고 가던 그의 모습이 인상적이었다. 국회 다양한 곳에서 인턴과 비서를 하며 풍부한 경험을 쌓았기 때문에 가능한 일이었다. 그 뒤로도 그는 '청년'으로서, '정치인'으로서의 정체성을 놓지 않고 뚜벅뚜벅 걸어갔다. 나는 '진보도 보수도 싫다'는 2030의 정치의식이 궁금할 때마다 그에게 전화를 걸 수밖에 없었다.

　이 책은 그가 보고 듣고 경험한 2030의 정치의식과 이를 제대로 이해하지 못하는 기성세대, 여의도 정치를 날카롭게 분석하고 꼬집는다. "그때 촛불을 들고 탄핵을 외치며 정치적 효능감을 느꼈던 친구들은 이제 대부분 정치를 혐오한다." "남 탓하는 어른들은 너무도 지질하지 않은가" 같은 문장을 마주칠 때마다 기성세대의 시각으로 2030을 자의적으로 재단하고 있었다는 반성을 하게 된다. 물론 비슷한 생각을 하는 2030이 이 책을 손에 들면 '친구'를 만난 것처럼 마음이 든든할지도 모른다.

백상경 매일경제 기자

담담하지만 분명하다. 태어나면서부터 민주주의 사회의 시민으로 길러진 2030세대들이 추구하는 '합리성'을 엿볼 수 있다. 진보도, 보수도 싫다는 건 대안없는 양비론, 이기주의, 정치에 대한 무관심의 말이 아니다. 과거의 잣대로 규정된 진보와 보수의 경계가 앞으로 얼마나 무의미해질 것인지를 예고하는 말이다.

저자의 표현처럼, 촛불은 나도 들었다. 진보와 보수를 막론하고 모두가 촛불을 들었던 건 정치적 성향이 아니라, 불합리와 부조리에 대한 비판의식 때문이었다. 정치권만 모른다. 우리 사회를 이끌 젊은 국민들의 시민의식은 이미 여기까지 왔다. 구시대적 담론에서 벗어나지 못하면 남은 것은 도태뿐이다. 청년 세대가 생각하는 정치를 궁금해 하는 사람들, 자신의 생각을 한번 되새겨 보고픈 청년들 모두에게 이 책을 추천한다.

최현욱 데일리안 기자

책을 다 읽고 나서 잠시 멍하니 앉아 내 자신을 돌아봤다. 나와 동년배로, 같은 시대를 함께 살아 온 작가와 나의 직관과 지혜가 이렇게 차이난다는 데 감탄을 금치 못했다. 실망이나 좌절의 감정은 아니었다. 이 시대를 치열하게 살아가는 한 훌륭한 청년 지식인의 글을 통해 나 자신을 채찍질해야겠다는 원동력을 얻게 됐다.

유려한 문장과 틀에 박히지 않은 표현으로 그려낸, 동시에 날카로운 한 청년의 눈으로 바라본 대한민국 정치의 민낯. 그 깊은 정서를 통해서 발현 된 문장 하나하나가 내 안에서 공감을 불러 일으켰다. 글의 깊이가 사람을 놀라게 한다. 매력적이다.

송혜영 전자신문 기자

이 책은 오늘날 청년들이 정치권에 하고 싶은 말을 고스란히 담았다. 2030은 더 이상 운동권도, 이념도 지향하지 않는다. 저자가 겪은 개인의 생생한 경험을 정치와 접목해 통찰력 있게 풀어냈다. 내 삶에 실질적인 도움이 되는 정책을 원하는 모든 청년들에게 권한다.

20대부터 정치권에서 일하며 온 몸으로 정치의 이중성을 느껴온 한 청년은, 진보도 보수도 싫지만 '그래도 정치가 희망'이라고 말한다. 이 책은 이동수 작가가 정치권을 향해 던지는 청년들의 목소리이자, 묵묵히 하루하루를 성실히 살아가는 청년들을 향해 부르는 응원가이다.

곽용희 월간 노동법률 편집장

정치세력들은 선거철이 되면 '청년 대변인'들이기에 나선다. 하지만 이렇게 입성한 '청년'들은 4년 후 늘어난 나이 만큼 바래버린 청년 색깔과 함께 월드컵 마스코트처럼 잊혀지는 일이 부지기수다. 그들의 짧은 생명력은 차용 당한 이미지만큼 깊지 못한 내공 때문이란 걸 우리는 안다.

그렇다면 누가 감히 청년을 대변할 수 있을까. '청년답게' 세상을 향한 관심과 희망을 온전히 간직하면서, '청년이었음을 잊은' 세대가 애써 외면해 온 치부를 천연덕스레 들쑤실 수 있는 통찰력과 용기를 가진 청년이 아닐까. 이 책에서 이동수 대표가 정치 서사를 도구 삼아 풀어 놓은 오랜 고민과 성찰의 흔적은, 그의 자격을 입증한다.

그래서일까. 마지막 챕터에서 '청년이라고 봐주지 마라'고 목소리를 높이는 그의 당당함이, 과거의 나를 돌이켜보게 만드는 그의 청명함이 참 좋다.

김태헌 CBS 기자

이 책은 첫 투표를 앞둔 이들을 위한 정치입문서다. 여의도 중심보다는 변두리의 이야기에 가깝다. 하지만 실망은 이르다. 저자는 그 변두리에서 단맛 쓴맛 다 보며 살아남은 베테랑이니까. 투박하지만 새롭고, 뻔한 가식 없이 솔직하다. 그런 그가 풀어낸 한국 정치는 둘이 먹다 하나가 죽어도 모를 맛이다.

정치에 관심이 없던 20대들, 특히 올해 처음으로 선거권을 얻은 만18세 청년들에게 적극 추천한다. 정치를 1도 몰라서 투표가 걱정된다면 이 책을 읽어보면 된다. 그러면 올해 4월 15일이 기다려질지도 모른다.

김도형 아주경제 기자

여의도 정치권을 출입한 지 햇수로 6년, 지난 가을 조국 전 법무부 장관을 둘러싼 논란을 취재하며 들었던 생각이 있다. '당 지도부의 앞에서 청년의 입장을 말하지 못하는 청년위원장이라면 존재할 이유가 없는 것 아닌가', '청년의 입장을 대변하지 못하는 청년위원장, 대학생위원장이 왜 필요한가', 취재를 하면서 내가 발견한 것은 선거에서 이기고자 하는 기성 정치인과 청년이란 타이틀로 한 자리 차지해보려는 '가짜 청년'들의 또 다른 적대적 공생이었다.

'진보도 싫고, 보수도 싫은데요'의 저자 이동수 청년정치크루 대표는 그런 면에서 참 반가운 사람이다. 국회의원 보좌진과 기자 입장으로 만났다. 그간 한국 정치의 구조나 청년정치에 대해서 많은 대화를 나눴다. 이 책엔 한국정치와 청년정치의 문제점에 대한 그의 문제의식이 담겨 있다. 책 곳곳에서 국회의원 보좌진, 여러 선거캠프 등에서 겪은 그의 경험이 묻어 나온다. 한국에서 제대로 된 청년 정치인으로 서기 위한 치열한 고민도 있다. 책을 읽으면서 그의 문제의식에 공감했다. 청년으로 여의도 정치권을 경험하며 느낀 생생한 경험에서 기시감도 느꼈다. 정치를 하고자 하는 청년이라면, 꼭 한 번 읽어봐야 할 책이란 생각이 들었다. 정치권의 이중성과 양극화, 공천제도의 문제 등을 쉽고 간결한 문체로 잘 풀어낸 책이다. 청년 정치인으로서 시행착오를 겪고 싶지 않다면, 또는 청년의 눈으로 본 한국정치의 문제점이 궁금하다면 일독을 권하고 싶다.

다만 진보도 싫고 보수도 싫은 그들을, 하나로 묶어낼 의제에 대한 고민은 아쉽다. 청년 세대가 정치적 힘을 발휘하기 위해선 그들의 문제의식을 묶어내고 행동을 이끌어 낼 의제가 필요하다. 하지만 그 부분에 대한 아쉬움은 '청년 정치인' 이동수가 채워나갈 몫이라고 본다. 그의 건승을 기원한다.

목차

프롤로그   진보도 싫고, 보수도 싫은데요   4
추천사   7

PART 1. ─────────────────────────── 2030이 사라진 정치

1장_ 이중성   내가 하면 로맨스, 남이 하면 불륜

촛불은 저도 들었는데요   21
전교조 때문에, 이명박근혜 때문에   27
'지잡대' 교수의 명문대 사랑   32
지역주의를 깼더니   36

2장_ 청년정치   청년 목소리 듣겠다면서요

열정 페이 하나 해결 못 하는 국회   41
누구누구 아들딸들의 청년정치   48
마크롱이 남겨준 잘못된 선례   52
40세 대통령을 반대한다   59

PART 2. ——————————— '적당히'가 사라진 낡은 정치

3장_ 양극화   안하무인 여당, 길바닥 야당

거리로 나간 정치   67

여당일 땐 찬성, 야당일 땐 반대   73

행정안전부 잔혹사   78

갈등의 비용   82

최루탄, 오함마, 빠루   89

"판 깨" 네거티브 캠페인   93

북한이라는 뜨거운 감자   97

태극기 부대의 기원   101

일상을 외면한 이념 정당   105

4장_ 제도   반대를 위한 반대

미국 대통령보다 센 한국 대통령   110

만 개의 낙하산   116

연동형 비례제는 답이 아니다   121

상향식 공천이라는 함정   126

구의원 다 없애면 안 될까?   131

 # 5장_ 조직   **천안함과 세월호는 공존할 수 없는가?**

천안함과 세월호   137

내부 총질 같은 소리   141

왜 제3정당은 항상 실패하는가   148

타다 금지법은 왜 통과되었나?   153

 # 6장_ 언론   **어그로꾼이 된 정치인들**

옐로우 폴리틱스   160

소통의 역설   166

정책보다는 거물의 말 한마디   174

'우라까이'가 양산하는 클론들   179

PART 3. ──────────────── 상식적인 정치를 위해서

 # 7장_ 대안   **평범한 사람들의 정치**

슈퍼맨은 돌아가라   187

젓가락은 죄가 없다   191

당론이라는 굴레   195

가르치고 싶은 것만 가르치지 마시고   198

팟캐스트도 유튜브도 규제할 수 없다   202

 # 8장_ 변화   **분노의 타깃**

2018년 지방선거가 남긴 교훈   210

수가 적어서는 아니다   214

정무적 판단   218

청년이라고 봐주지 마라   221

PART 1

2030이
사라진 정치

내가 하면 로맨스,
남이 하면 불륜

촛불은 저도 들었는데요

2016년 가을, 이십 대의 마지막을 국회 국정감사장에서 보내고 있었다. 그때 나는 한 국회의원의 언론 담당 비서였다. 10월 전후로 진행되는 국정감사는 국회에서 가장 큰 연례행사다. 언론의 스포트라이트가 쏟아진다. 국회의원들이 뉴스에 한 번이라도 더 나가보려고 별의별 짓을 다 하는 때가 이때다. 한복을 입고 회의장에 출석하기도 하고, 뱅갈 고양이를 데려오기도 한다.

자극적인 소재들이 언론에 주로 나가긴 하지만 모든 국정감사가 다 그런 것은 아니다. 정부가 제 역할을 하는지 꼼꼼히 살피는 국회의원과 보좌진이 더 많다. 그래서 국감 기간이 되면 국회에는 자정 가까운 시간이 되도록 불이 꺼지지 않는다.

나는 주로 언론 보도를 모니터링한 뒤 기자들에게 잘못된 사실을 정정 요청한다든지, 인터뷰 일정을 조율하는 일을 했다. 보도 자료나 축사 같은 글을 쓰는 일들도 내 몫이었다. 가

을은 의원실 스태프 중에서도 글 담당하는 사람에게 정말 최악의 계절이다. 국정감사도 있지만 또 지역의 축제들도 어마어마하게 열리는 시기이기 때문이다. 하루에 보도 자료와 축사를 몇 개씩 쓰다가 보면 혼이 비정상이 되는 것 같은 느낌이 든다. 그래서 모두 국정감사가 끝날 때만을 손꼽아 기다린다. 나 역시도 그랬다.

하지만 그 해는 차라리 국정감사가 더 나았다. 오히려 더 큰 일이 몰아닥쳤기 때문이다. 여름부터 계속된 조선일보와 청와대의 싸움은 점점 더 판을 키우고 있었다. 많은 사람이 조선일보가 박근혜 대통령에게 절대적으로 우호적이었다고 생각하는데 잘못된 편견이다. 결국 탄핵까지 이어진 국정농단 사태를 처음 취재하고 보도한 건 한겨레도, SBS도 아닌 TV조선이었다. 미르재단을 취재하는 과정에서 최순실, 차은택 같은 국정농단 주역들의 이름이 등장하기 시작한 것이다.

박근혜 대통령은 강하게 맞섰다. 친박을 대표하는 한 의원은 조선일보 주필이 기업인들로부터 접대를 받고 편의를 봐줬다는 스폰서 의혹을 제기했다*. 훗날 해당 주필은 항소심에서 무죄를 선고받았지만 그 당시 조선일보로서는 타격일 수밖에

---

* 미디어오늘, "'항소심 무죄' 송희영 전 주필 "검찰 강압수사 드러나"", 2020.01.09.

없었다.

조선일보가 주춤하자 한겨레가 보도를 이어갔고, JTBC가 10월 26일 최순실이 국정에 개입한 증거가 담긴 태블릿PC 보도를 하면서 대한민국은 순식간에 국정농단 정국으로 접어들었다. TV조선은 칼을 벼르고 있었다는 듯 바로 다음 날 최순실이 박 대통령의 옷을 골라주는 영상을 공개했다. 앞으로 얼마나 많은 일이 일어나게 될지 두려웠다. 내 예감은 틀리지 않았다.

신문과 방송은 말할 것도 없고, 온 인터넷 커뮤니티까지 최순실 이야기뿐이었다. 청와대가 비아그라나 팔팔정을 구입한 사실, 박근혜 대통령이 피부 클리닉 시술을 받으면서 이름을 시크릿가든 여주인공인 '길라임'으로 기재한 것까지 가십성 기사들이 쏟아졌다. 무당이나 이단 종교 이야기도 나왔다. 영화 〈괴물〉에 나왔던 장면처럼 큼직한 사건이 한번 터지면 온갖 사실부터 없던 일들까지 증언이라는 이름으로 쏟아져 나오는데 길라임 대통령도 일부 그런 뉴스들은 있었을 것이다. 하지만 거품을 빼더라도 여론이 분노하기엔 충분했다.

한번은 온라인상에 당시 현역 국회의원들의 휴대전화 번호 전체가 공개된 적이 있었다. 많은 의원이 숱한 전화와 문자메시지를 받느라 곤욕을 치렀다. 의원실에도 전화가 쏟아졌다.

매주 백만 명은 족히 되어 보이는 국민이 광화문에 나가 촛불집회를 열었다. 의원들이 위기감을 느끼기 시작한 것도 이때부터다.

당시 여당인 새누리당의 의석수는 128석. 대통령 탄핵소추안은 법안 통과와 달라서 300명의 국회의원 중 2/3가 찬성해야 한다. 이는 여당 의원 중 28명 이상이 손해를 무릅쓰고 탄핵에 찬성해야 한다는 것을 의미했다. 그래서 국회 내 많은 관계자가 탄핵은 불가능하다고 생각했다. 하지만 국민의 격려와 비판이 의원실로 쏟아지고 광화문에 모이는 인파는 매주 늘어나면서 상황이 바뀌었다. "탄핵에 반대했다가는 다음 선거 떨어지겠다"라는 위기의식이 의원들 사이에서 형성된 것이다. 결과는 모두의 예상을 훨씬 뛰어넘는 234명 찬성, 56명 반대였다. 나는 이때 난생처음 국민의 힘이 얼마나 두려운 것인지를 몸소 체감했다.

국정농단 사태 당시 나는 친구들 사이에서 화제의 인물이었다. 친구들 주변에 정치권에서 일하는 사람이 나밖에 없었거니와, 더욱이 내가 비서로 있던 그 정치인이 박근혜-최순실 국정농단 청문회에서 활약한 유명 인사였기 때문이다. 친구들은 내게 촛불집회에 참여했다고 일일이 인증 샷을 보내는가 하면, 새로운 뉴스가 보도될 때마다 의견을 묻기도 했다. 평소 정치에는 전혀 관심 없던 친구가 친박과 비박의 계보까지 줄줄이 꿰기도 했다. 누구는 "의원님께 꼭 전달해달라며" 탄핵의 이유를 구구절절 설명하기도 했다. 청문회가 진행 중인 시간에는 디시인사이드나 MLB파크 같은 인터넷 커뮤니티에서 실시간으로 응원의 글이 올라왔다. 나는 국회에 몸담고 있던 사람으로서도, 국민의 한 사람으로서도 보람과 희열을 느꼈다. 국민이 목소리를 내면 대통령도 바꿀 수 있다는 것, 그것은 우리가 흔히 말하는 '정치적 효능감'이기도 했다.

그때 촛불을 들고 탄핵을 외치며 정치적 효능감을 느꼈던 친구들은 이제 대부분 정치를 혐오한다. 상대편의 실수에는 크게 분노하면서도 자기편의 잘못에는 눈 감는 정치, 조금만 달라도 악으로 낙인찍는 정치, 국민의 이익보다 내 편의 이익이 더 중요한 정치. 이런 정치에 실망한 것이다. 이런 현상은 특히 2030 세대에서 더욱 두드러졌다.

정치권에는 비상이 걸렸다. 청년 표가 썰물처럼 빠져나가자 각 정당은 청년 표를 잡겠다고 온갖 퍼포먼스를 선보였다. 하지만 현역 정치인들의 입에서 은연중 나오는 발언들, 예컨대 "일베 많이 해서", "교육 잘못 받아서" 자신들에게 반대한다는 발언을 보면 그들이 속으로 2030 세대를 어떻게 여기고 있는지 알 수 있다. 심지어 여당이 "20대 남자들에게 소홀하다"

라며 비판을 쏟아붓던 야당도 정작 "공관병이 감 안 따면 누가 감을 따냐"고 말하는 군 장성을 영입하려다 혼쭐이 났다. 이런 걸 총체적 난국이라고 한다. 정치인들에게 청년은 그저 얼굴마담 한두 명 내세우면 알아서 포섭될 대상으로 여겨질 뿐이다. 아마 진보도 싫고, 보수도 싫다는 청년들의 시선은 당분간 변하지 않을 것이다.

아군 아니면 적군이 되는 시대, 혹여나 있을 오해를 방지하고자 피아식별을 위해 한마디만 말씀드리고 싶다. "촛불은 저도 들었는데요"

내가 열여덟 살이던 2005년 가을, 모교인 상문고등학교에서는 체육대회가 열렸다. 남고 대부분이 으레 그렇듯 체육대회는 각 반 자존심 대결의 화룡점정 같은 이벤트이다. 내가 속했던 2학년 1반은 대회 한 달 전부터 벼르고 별렀다. 풋살·농구·계주 등에서 '트리플 크라운'을 달성해야 한다는 둥 농담을 주고받기도 했다. 참고로 세 종목 우승은 우리가 기대하는 최소한의 성과였다.

담임선생님의 기대도 컸다. 많은 수가 전학하거나 유학 가는 바람에 우리 반은 스물여섯 명 정도 밖에 남지 않았고, 저마다 캐릭터가 뚜렷한 친구들이 많아서 단합이 잘 되기로 교내에서 유명했다. 한번은 모의고사 OMR카드에 이름을 마킹할 때 당시 유행하던 동방신기식의 이름, 예컨대 '시아동수', '유노누구'와 같은 식으로 반의 모든 구성원이 이름을 표기해 선생님께 두들겨 맞기도 했다.

모두가 운동을 잘할 수는 없기에, 우리는 '트리플 크라운' 달성을 위해 운동 잘하는 친구들을 종목마다 적절히 배치했다. 그 덕에 운동에는 별로 소질이 없던 나는 풋살팀에 들어가 수비형 미드필더로 뛰게 되었다. 그리고 예선에서 한 경기 한 경기씩 승리를 거둬 결승까지 올라갔다.

그런데 문제가 생겼다. 농구 등 다른 종목에서 우승을 놓친 것이다. 남은 건 풋살이었다. 다급해진 일부가 풋살팀에 에이스들을 배치해야 한다고 주장했다. 하지만 그 경우 한 학생당 한 종목만 출전할 수 있다는 체육대회 규정 위반이기 때문에 누군가 이동수인 척하고 뛰어야 했다. 반대파는 절대 안 된다고 맞섰다. 우선 규정 위반이 드러나면 몰수패고, 무엇보다 그렇게 하면 지금까지 예선을 거친 나머지 학생들이 뭐가 되냐는 것이었다. 당사자인 나는 잠자코 있었지만, 기껏 예선을 다 치르고 결승 무대를 못 밟는다면 두고두고 계속 미련이 남을 것 같았다. 결국 풋살도 우승은 놓쳤지만 나는 후회 없이 결승에서 뛸 수 있었다. 내심 상문고 체육대회도 이 정도인데 UEFA 챔피언스리그와 같이 큰 무대에서 이런 일을 겪는 선수는 오죽할까 싶은 생각이 들었다.

감독이 팀 전술에 따라 자신을 배제해도 억울해서 잠을 못 이룰 텐데, 정치적 논리에 의해 자신의 노력이 물거품으로 돌아간다면 말할 것도 없다. 2018년 평창올림픽 당시 여자 아이스하키 남북단일팀은 그 논란의 중심에 섰다. 팀과 협의 없이 동계올림픽 직전 북한과 단일팀 구성을 추진한 것이 화근이었다. 엔트리 구성에서 우리 선수 일부가 배제될 수밖에 없는 상황에 특히 2030 세대 청년들이 분노했다. 올림픽 출전만 바라보고 4년간 땀과 눈물을 흘린 선수들의 노력은 무엇이 되느냐는 것이 이유였다. 상황이 이런데 국무총리가 "여자 아이스하키는 메달권 밖 아니냐"고 발언하면서 불에 기름을 끼얹었다. 여권 지지율이 급락했고 정부는 이를 진화하느라 진땀을 빼야했다. 사태는 여자 아이스하키팀 감독 세라 머리가 단일팀 구성에 어느 정도 합의하고 평창올림픽이 성공리에 마무리되면서 일단락되었지만, 그때의 앙금은 남았다. 일부 의원은 예전처럼 북한에 우호적이지만은 않은 청년들에게 노골적으로 불만을 표했다.

2018년과 2019년만큼 청년들 사이에서 공정이 화두로 떠오른 적은 없다. 평창올림픽에서 촉발된 공정에 대한 논란은 이후 정치인 자녀들의 부정 채용 의혹, 대입 서류 위조 의혹을 거치며 들불처럼 번졌다.

나는 개인적으로 또래 2030 세대의 입장에 동의하지만, 남북 관계 같은 사안에서 정치인들이 주장한 의견도 존중한다.

그런데 문제는 청년층에 대한 그들의 분석이었다. 여당의 한 정치인은 20대의 여권 지지율이 계속 하락하고 있는 현상을 두고 "이분(20대)들이 학교 교육을 받았을 때가 이명박·박근혜 정부 시절이었다. 그때 제대로 된 교육이 됐을까 이런 생각을 먼저 한다"라며 자신은 민주주의 교육을 잘 받은 세대였다고 자랑했다. 또 다른 의원 역시 "박정희 시대를 방불케 하는 반공 교육으로 아이들에게 적대감이 심어졌기 때문에" 20대가 보수적이라고 주장했다*.

나는 순간 불행한 과거를 떠올렸다. 불과 몇 년 전, 박근혜 대통령과 당시 여당 지도부는 전교조를 입에 달고 살았다. 자기들이 추진하는 정책을 두고 청년층에서 반발이 나오면 "전교조에게 교육을 잘못 받았기 때문"이라는 질책이 쏟아졌다. 청년들은 '종북세력의 공작'에 놀아나는 우매한 존재로 여겨졌다. 정권의 과오에 대한 반성이나 개혁의 의지도 비치지 않았다. 급기야 제대로 된 역사 교과서를 만들겠다며 국정교과서를 추진하기도 했다. 비판에 눈 감고 독주한 정권의 결과는 모두가 아는 대로다.

2030 세대가 정부에 비판적인 것은 전교조에게 교육을 잘

---

* 조선일보, "홍익표도 설훈처럼 "반공 교육 때문에 20대 보수적"", 2019.02.24.

못 받았기 때문도 아니고, '이명박근혜' 정권 때의 반공 교육 때문은 더더욱 아니다. 단지 상식과 정의를 주창하면서 상식적이지도, 정의롭지도 않은 현실을 제대로 바라보았을 뿐이다.

정치권이 자신들의 잘못을 인정하고 허물을 성찰하는 일은 좀처럼 보기 힘들다. 그만큼 뻔뻔하거나 인정할 용기가 없기 때문이다. 대신 문제의 원인을 상대 탓으로 돌리는 것만큼 쉬운 일도 없다. 이건 초등학생들이나 하는 일이다. 남 탓하는 어른들은 너무도 지질하지 않은가. 그 끝은 이미 지난 정부가 보여주었다. 지질한 어른들을 더는 보고 싶지 않다.

서울특별시교육청에서 주최하는 민주시민 교육 관련 토론회에 참석한 적이 있다. 토론회 시작에 앞서 부산에서 온 어떤 교수의 강연을 듣는데 메리토크라시(meritocracy)가 도마 위에 올랐다. 실력주의로 번역되기도 하는 메리토크라시는 말 그대로 메리트(merit), 즉 개인의 능력이나 성과에 따라 차별적인 보상이 주어지는 사회 체제를 일컫는다. 우리가 '서연고 서성한 중경외시'를 마치 주문처럼 외우고, 연세대생과 고려대생이 싸웠을 때 '집에서 잠자던 지방대생의 잘못'이라고 드립을 쳤던 것들 또한 메리토크라시에서 비롯된 문화이다.

교수는 이러한 사회적 분위기 속에서는 학교가 입시학원화되고, 학생들은 대학 서열에 따른 차별과 무시, 더 나아가 극심한 불평등을 당연시하게 된다고 강하게 비판했다. 나 역시 능력과 노력이 반드시 비례하는 것만은 아니고, 지식과 지혜는 별개의 영역이라고 생각하기에 그의 의견에 상당 부분 공감했다.

능력에 따른 보상만큼 중요한 것은 노력에 따른 보상이다. 그동안 우리 사회는 개인이 노력한 만큼 보상하는 데에 인색했던 것이 사실이다. 아마 여기에 이의를 제기하는 사람들은 많지 않을 것이다.

그러나 문제는 그 교수가 청년들을 바라보는 시선이었다. 그는 '학력 위계주의에 물든 20대'들이 자사고와 특목고의 일반고 전환을 반대하고, 인천공항공사 비정규직의 정규직화를 반대하는 것이라고 주장했다. 결코 정의롭지 않은 청년들이 무임승차를 혐오함으로써 "조야(粗野)한 정의감을 표현한다"라는 것이 그의 진단이었다. 그 원인은 역시나 앞서 언급한 '이명박근혜' 시절의 교육이었다. 특히 "조야한 정의감의 표현"이라는 부분을 강조해서 말했는데, 마치 어려운 단어를 가져다 씀으로써 멋진 캐치프레이즈를 어필하려는 것 같았다.

나는 그 이야기가 듣기 거북하고 언짢았다. 지방대학들을 '지잡대'라고 비하하는 것이 문제가 있다는 데 동의하지만, 나머지 사안들은 마치 자기들이 추진하는 정책에 동의하지 않으면 못 배운 사람, 인성에 문제가 있는 사람으로 매도하는 것처럼 느껴졌기 때문이다.

나는 질의 시간이 되자마자 가장 먼저 손을 들고 따지듯 물

내가 하면 로맨스, 남이 하면 불륜

었다. 왜 지방대학에 종사하는 교수들이 자기 자녀들은 외고·특목고를 보낸 뒤 서울 명문대나 해외 유학을 보내려 하고, 노동자의 권리를 지키기 위해 만들어진 한 자동차 회사의 노동조합이 정작 비정규직 노동자들은 노조에서 배제하고 있는지를. 내가 들은 답변은 "바꿔나가야 한다" 뿐이었다.

2018년 국회 국정감사에서는 혁신학교에 관한 논란이 대두되었다. 혁신학교는 줄 세우기 식 획일적 교육의 병폐를 극복하기 위해 교장과 교사들에게 자율성을 크게 부여하고 토론·체험 등 다양한 커리큘럼을 세우도록 한 학교다. 2010년 진보 교육감이 대거 당선된 이후 본격적으로 시행되었다. 그런데 문제는 혁신학교 시행 이후 서울·경기·인천 교육청의 4급 이상 공무원 중 단 한 명만이 자녀를 혁신학교에 보냈다는 것이다. 전체의 3% 정도다*. 개인적으로 혁신학교의 방향에 찬성하면서도 이런 사실이 드러날 때면 회의감이 들기도 한다.

오늘날 청년들이 정치권에 분노하는 것에는 무임승차에 대한 혐오 이전에 이중성에 대한 혐오가 자리 잡고 있다. 메리토크라시로 최정상에 선 이들이 메리토크라시를 비판하며, 청년들에게 양보와 배려를 강요하는 현실 말이다. 청년들이 '지잡

---

* 조선일보, "그 좋다던 혁신학교, 정작 교육고위직 자녀들은 안 갔다", 2018.10.15.

대'에 가지 않으려 하는 것은 조야한 정의감의 표현이고, 자기 자녀들을 '지잡대'가 아닌 명문대에 보내려 하는 것은 자녀 사랑이란 말인가. 진보든 보수든, 본인의 이상을 스스로는 실천하지 않으면서 남에게 강요하는 정치에 우리는 염증을 느낀다. 자기 정책과 메시지가 왜 2030 세대 청년들에게 와닿지 않는 것인지 도무지 이해가 안 가는 정치인이 있다면 말씀드리고 싶다. 직접 보여주시라.

내가 하면 로맨스, 남이 하면 불륜

방탄소년단이 2017년 초 발표한 곡 〈봄날〉의 뮤직비디오 도입부는 짧지만 아주 중요한 메시지를 담고 있다. 뷔가 선로 위에 앉아있고 그다음 장면에서는 기차가 유유히 설원을 가로지른다. 그들은 이 장면을 통해 묻는다. "다수를 위한 소수의 희생은 정당한가?"라고.

'선로 위에 있는 사람과 달리는 기차'는 우리가 정의에 대해 논쟁할 때 흔히 인용하는 예시다. 기차는 달리고 있는데 선로 위에 사람이 있을 때, 그를 구하자고 기차를 급정차했다가는 기차가 탈선해 더 큰 피해를 초래할 수 있다. 반대로 승객의 안전을 위해 계속 달린다면 선로 위의 사람은 당연히 죽는다. 한 명을 살리기 위해 여덟 명의 군인이 위험을 무릅쓰는 영화 〈라이언 일병 구하기〉처럼, 우리는 역사 속에서 또는 일상 속에서 자주 이런 딜레마와 부딪힌다.

정치는 이런 것이다. 옳고 그름이 명백하지 않은 다양한 가치 사이에서 최선의 대안을 마련하는 것. 수많은 질문과 해답을 찾아서 미완성의 그림을 그려가는 것 말이다. 복잡해 보이는 정치적 싸움들도 사실은 이런 가치들의 경쟁인 경우가 많다. 큰 정부와 작은 정부, 성장과 분배, 개발과 환경이 그렇다. 한쪽의 의견을 완전히 관철하는 시대는 지났기 때문에 우리는 대화와 논의를 통해 그 중간 어디쯤에서 정책을 수행한다. 정치인은 그래서 열린 자세로 상대방의 의견을 경청하고 합리적인 대안을 마련하기 위해 고민해야 한다.

이런 합리적인 판단을 가로막는 가장 큰 요인은 바로 편견이다. 사상에 대한 편견, 지역에 대한 편견이 그랬다. 지역주의는 '덮어놓고 1번', '무조건 2번'을 부추김으로써 가치와 정책 대결을 무력화했다. 경쟁이 없으면 발전이 없다. 못해도 뽑아주면 다른 지역에 비해 만만하게 보기 때문이다. 지역주의 정서가 강한 지역 중 많은 곳의 GRDP, 즉 지역 내에서 창출되는 부가가치가 다른 지역에 비해 낮은 것들이 이것을 증명한다.

3김(김영삼 · 김대중 · 김종필)이라는 거물 정치인들의 출생지역이 하필 제각각 달랐던 탓에, 우리나라는 선거 때만 되면 그들을 중심으로 찢어졌었다. 영호남은 반목했다. 사회적 갈등의 상당 부분을 지역갈등이 차지했다. 노무현은 이걸 깨고자 했다.

내가 하면 로맨스, 남이 하면 불륜

1988년 김영삼의 영입으로 부산에서 제13대 국회의원이 된 노무현은 3당 합당에 반대하여 이내 탈당한다. 그리고 지역 구도를 깨겠다는 의지로 민주당 타이틀을 달고 부산에 도전한다. 1992년 제14대 총선, 1995년 부산시장 선거, 그리고 종로에서 보궐로 국회의원이 된 뒤인 2000년 제16대 총선까지 연거푸 부산의 문을 두드렸지만, 결과는 모두 낙선이었다. 지역주의를 깨기 위해 당선 가능성이 높은 종로를 버리고 다시 부산으로 내려간 그에게 사람들은 열광했다. '바보 노무현'이라는 별명이 생긴 것도 이때다.

그가 두드리기 시작한 지역주의는 2016년 열린 제20대 총선에서 사실상 무너졌다. 호남에서 새누리당 후보들이, 영남에서 더불어민주당 후보들이 대거 당선되었다. 이제 지역갈등이 한국사회의 주된 화두라고 생각하는 사람은 많지 않았다.

하지만 지역갈등이 사라진 자리를 진영 간 갈등이 새로 채우고 있다. 민주화 이래로 제20대 국회만큼 여야가 심각하게 대치하고 타협점을 찾지 못한 국회는 없었다. 많은 분이 제20대 국회를 '일 안 한 국회'로 기억하는데, 사실 법안의 발의 개수로만 놓고 보면 역대 그 어떤 국회보다 압도적으로 많다*.

---

* 매일경제, "법안발의 3년새 무려 1만6000건⋯통과율은 고작 25%대", 2019.04.14.

2019년 4월 기준으로만 해도 16,896건으로 이미 이전 국회들을 훌쩍 넘어섰다**.

그럼에도 20대 국회가 우리 머릿속에 일 안 하는 것처럼 기억되는 것은 사회적으로 커다란 갈등을 해결하는 데에는 형편없었기 때문이다. 택시 문제나 선거법 개정, 젠더 갈등 등이 그랬다. 정치권은 자기 진영의 유불리에 따라 사회적 갈등에 편승해 표를 얻어 볼 궁리나 했지, 그 갈등을 해결할 용기를 내지는 않았다. 심지어 우리가 볼 땐 별 것 아닌 갈등도 확대재생산 하는 경우가 적지 않았다. 여야가 국가적 의제에 대해 거듭 대화하고 타결하는 모습은 이제 영화 〈범죄와의 전쟁〉의 배경이 되었던 시절 신문처럼 빛바랜 것이 되었다.

정치권이 상대방의 작은 허물을 물고 늘어지며 싸우는 동안 우리의 일상은 외면되었다. 오늘날 정치 뉴스는 민생이 아닌 막말과 삿대질, 단식, 삭발과 같은 것들로 채워지고 있다. 도대체 어디서부터 잘못된 것일까.

** 제16대 국회 1,651건, 제17대 국회 5,728건, 제18대 국회 11,191건, 제19대 국회 15,444건

내가 하면 로맨스, 남이 하면 불륜

청년 목소리
듣겠다면서요

학창 시절 나의 꿈은 기자였다. 언론인 또한 여느 회사원들처럼 언론 '사(社)'의 일원이라는 것을 몰랐던 순수한 시절, 단지 사람 만나고 글 쓰는 것이 좋아 기자가 되고 싶었다. 그래서 흔히 '신문방송학과'라고 일컬어지는 언론정보학과에 진학한 뒤, 1학년 여름방학 때부터 적극적으로 공모전에 참여했다. 한 메이저 언론사에서 주최하는 탐사보도 공모전이었다. 신입생이었지만 당당하게 2위를 차지한 나는, 같은 해 겨울 그 언론사에서 인턴 기자로 첫 사회생활을 시작했다. 고되지만 보람 있는 시간이었다.

나는 2학년에도 다른 언론사의 인턴 기자가 되었다. 이번에는 조금 더 길었다. 6개월짜리였다. 2학기 전체와 겨울방학을 통째로 반납해야 했다. 학교에서는 '아싸'가 되었지만, 그래도 기자에 한 걸음 더 가까워지는 기분이었다.

다만 월급이 문제였다. 회사에서는 돈을 주지 않았기 때문에 하고 있던 과외와 카페 아르바이트를 병행해야 했다. 나머지 인턴들도 사정은 마찬가지. 교육을 받을 땐 괜찮았는데 본격적으로 취재하러 다니니 종종 택시를 타야 하는 일도 생겼다. "교통비라도 달라"라는 볼멘소리가 여기저기서 나왔다. "논의해보겠다"라던 회사는 그다음 달부터 교통비 10만 원을 통장에 입금해줬다.

"인턴은 기자가 아니다"라며 바이라인에도 철저히 '누구누구 인턴'으로 기재한 회사였지만 감사했다. 비록 나의 노동력은 헐값으로 인정받았을지언정 충분한 기회를 얻고 훌륭한 스펙을 쌓았다고 생각했다. 무급 인턴이 워낙 많기도 했거니와 50만 원만 받아도 많이 받는다고 이야기가 나오던 시절이었다. 이것이 열정 페이의 본질이라는 것을 깨닫는 데는 5년의 시간이 걸렸다.

2014년 겨울, 열정 페이가 사회적으로 큰 논란이 되었다. 한 소셜커머스 업체가 직원을 채용하는 과정에서 구직자 11명에게 실무평가를 이유로 2주간 영업을 시켜놓고는 "기준에 부합하는 사람이 없다"라며 전원 불합격 처리한 것이 화근이 되었다. 회사는 "착오가 있었다"라며 그들을 모두 합격 처리 했지만 분노한 여론은 쉽게 가라앉지 않았다. 억울한 사연들이 여기저기서 터져 나왔다. 한 세계적인 패션 디자이너는 직원들에게 터무니없는 월급을 줘 지탄을 받았다. 견습 10만 원, 인턴 30만 원, 정직원 110만 원이었다. 그런데 처벌은 오히려 그의 열정 페이를 고발한 패션노조가 받았다. 패션노조가 해당 디자이너의 사진을 인터넷에서 도용하여 저작권법을 위반했다는 것이었다.

채소 가게로 성공한 어떤 젊은 사업가는 자서전에서 "일하면서 돈도 달라고 하는 것은 도둑놈 심보"라고 해 물의를 빚기도 했다. 회사가 직원에게 일을 가르쳐주는데 왜 돈까지 줘야 하느냐는 논리였다. 참고로 우리나라 근로기준법에는 일을 배우는 수습 기간에 평소보다 다소 낮은 급여를 줄 수 있도록 하는 조항이 있다. 하지만 아예 안 주는 것은 위법이다.

채용 과정의 문제들이 여기저기서 불거지면서 나는 수년 전 인턴 기자였던 때를 떠올렸다. 열정 페이가 비단 나만의 문제는 아니었다. 내 또래는 물론 예전 선배들도 다 겪었던 일이다. 그런데 그게 왜 아직 해결되지 않았으며, 심지어 왜 이제야 사회적으로 대두되었는지 이해가 가지 않았다. 나는 관련 법을 찾아보고 나서야 그 이유를 알았다. 없었기 때문이다.

'국회 의안정보시스템'이라는 웹사이트가 있다. 국회에서 발의된 법안의 과정과 결과를 살펴볼 수 있는 사이트다. 이 사이트에 따르면, 국내에서 취업 준비생의 권익·처우와 관련한 법은 2012년 9월 발의돼 2013년 12월에야 통과되었다. 그 전까지는 취업 준비생 관련 내용을 담은 법이 없었다. 신계륜 의원 등이 처음 발의한 「구직서류 반환 등 채용절차의 공정화에 관한 법률안」에는 기업들이 구직자들의 아이디어를 경영·홍보에 도용하거나 구직 서류를 돌려주지 않는 것을 금지하는 내용이 담겼다. 이후 이 법은 「채용절차의 공정화에 관한 법률」로 명칭이 변경돼 구직자들의 처우와 관련한 조항, 예컨대 블라인드 채용 등의 내용이 추가되었다.

'인턴 갑질'과 같은 논란들이 지속되자 정부는 2016년 들어 인턴에 관한 가이드라인을 발표했다. 강제성 없는 가이드라인 이긴 하지만, 워낙 사회적으로 크게 이슈가 되었던 사안이라 이제는 예전처럼 한 달에 10~30만 원 쥐어 주며 인턴을 부리 는 경우는 거의 없다. 2016년 당선된 제20대 국회의원들 또한 앞다투어 취업 준비생의 처우와 관련한 법안을 발의했다. 여 기에는 '취업준비생보호법'을 제안했던 청년정치크루 역시 큰 역할을 했다고 자부한다.

물론 취업 준비생들이 겪는 고충의 가장 큰 부분은 취업이 되지 않는다는 것이다. 양질의 일자리는 한정적인데 경쟁자는 많다 보니 취업 준비만 몇 년을 하거나, 계약직과 비정규직을 전전하는 경우가 적지 않다. 사실 이것은 경제와 산업, 인구구조 등이 복잡하게 얽혀 있는 탓에 나라님이라도 뾰족한 수가 있는 것은 아니다. 다만 일자리 창출을 위해 노력을 할 뿐이다.

하지만 취준생에 대한 갑질, 인턴에 대한 열정 페이는 다르다. 어렵지 않게 해결할 수 있는 문제인 경우가 많다. "임기응변 능력을 보겠다"라며 인신공격성 압박 면접을 하고, 채용 과정을 빌미로 영업을 시킨 뒤 이윤을 편취하는 문제는 법 조항만 조금 바꿔도 충분히 해결할 수 있는 사안이다. 그러나 청년들의 이러한 고충은 정치인들의 안중에 없다. 모르거나, 중요하다고 생각하지 않거나.

나는 청년정치크루에서 제안한 취업준비생보호법이 국회에서 논의되는 과정을 보면서, 정치인들이 어떤 마인드를 갖느냐가 굉장히 중요하다는 사실을 뼈저리게 느꼈다. 취업준비생보호법에는 채용 과정을 빌미로 이윤을 편취하거나, 수습 기간을 과도하게 길게 설정해 구직자의 다른 채용 기회를 박탈하는 행위, 사람을 뽑을 때 연봉을 알려주지도 않고 불합격자에게는 통보조차 해주지 않아 마냥 기다리게 하는 관행을 뿌리 뽑기 위한 내용이 담겼다. 이것은 우리 또래 대부분이 공감할 내용이라고 생각한다. 언론에서도 제법 다뤄진 덕분에 더불어민주당, 자유한국당, 정의당 등 여야, 진보 · 보수를 망라한 국회의원들로부터 인정받아 금세 발의될 수 있었다.

하지만 여야는 당시 가장 핫했던 최저임금 인상 문제나 주 52시간 근로제, 어떤 국회의원의 자녀 채용 청탁 의혹 문제로 첨예하게 대립했고 취업준비생보호법은 우선순위에서 밀리기 일쑤였다. 법이란 게 의지를 가진 정치인이 상임위원회 안에서 적극적으로 목소리를 낼 때 통과가 가능한데, 청년과 관련한 이슈는 그렇지 못한 경우가 대부분이다. 채용 부정 등의 문제도 "청년들의 박탈감"을 운운하긴 하지만 사실 상대방에 대한 정치적 공세의 목적이 더 크다. 정치권이 커다란 이슈들로 갈등을 빚을수록 우리의 일상은 외면받는다.

청년들이 일상에서 겪는 어려움은 비단 일자리에 국한되지 않는다. 대학생들은 전공필수 과목들조차 자리가 넉넉하지 않아 수강 신청 시기마다 전쟁을 치러야 하고, 학교 측의 자의적인 구조조정으로 졸지에 학과가 사라지는 일을 겪기도 한다. 대학 측에서 학생들을 위해 기숙사를 지으려 하면 지역 주민들이 생존권이나 혐오 시설이라는 이유로 이를 결사반대한다. 우리에게는 매우 피곤한 문제들이지만 정치인들은 이런 이슈에 좀처럼 주목하지 않는다. 뉴스거리가 되지 않기 때문이다. 대신 정쟁이 될 만한 사안들이 상임위원회 회의나 국정감사장에서 주로 다루어진다.

청년정치인이 필요한 이유가 여기에 있다. 우리는 이것을 대표성이라고 한다. 정책은 아이디어만 있으면 해결 방안을 찾는 것은 어렵지 않다. 기술적인 부분은 보좌진과 정당, 국회 사무처의 도움을 받을 수 있다. 하지만 그 아이디어를 끄집어 내는 것은 삶에 대한 이해가 없고서는 불가능하다.

평범한 청년들의 고충을 잘 이해하는 정치인이 있었다면, 그리고 그 정치인이 국회에서 디테일한 목소리를 냈다면 청년들의 상실감이 이 정도에 이르지는 않았을 것이다. 하지만 요즘 국회에는 이런 정치인이 거의 보이지 않는다. 정치권은 「청년기본법」 하나 통과시켜 놓고 퉁 치려 한다. 하지만 나는 「청년기본법」이 상징적 의미는 있을지언정, 우리 삶을 바꾸는 데 큰 영향을 끼칠 거라고 생각하지 않는다. 열정 페이 하나 해결하지 못했던 국회는 현재진행형이다.

청년 목소리 듣겠다면서요

2016년 더불어민주당 소속 한 정치인이 '딸 채용'으로 구설에 올랐다. 그녀는 딸을 자신의 의원실에 채용했는데, 그 딸이 로스쿨에 진학했고 하필이면 그녀가 속해 있던 상임위원회가 법제사법상임위원회(법사위)였기 때문이었다. 거기에 동생은 비서관(5급 공무원), 오빠는 회계책임자로 임용한 것이 추가로 밝혀졌다. 당은 중징계를 결정했고 그녀는 결국 탈당했다가 시간이 흐른 뒤 다시 입당했다.

이후 국회사무처가 국회의원의 친인척 채용 현황을 달마다 홈페이지에 공개하면서 자기 의원실에 친인척을 직접 고용하는 일은 거의 사라졌다. 그러나 정치인들 간에 서로 지인이나 자녀를 '채용해주는' 관행은 여전히 남아있다. 마치 대학교수들이 서로의 자녀들을 논문 제1저자로 등재해주는 것처럼 말이다. '부모 찬스'를 꿈꿀 수도 없는 수많은 평범한 청년들에게는 딴 세상 이야기이다.

청년정치의 대표성에 관한 문제는 여기서 시작된다. 대부분의 정당이 선거마다 청년들을 적극적으로 영입하고 캠프에 등용하지만 '누구누구의 아들딸'이라는 이유로 합류하는 경우가 많다. 나는 이따금 정치권에서 가족이 경영하는 회사에 신입 사원으로 홀로 들어간 것 같은 느낌을 받을 때가 있다. 꼭 정치인의 자녀가 아니더라도, 정치인 지인의 자녀들이 국회에 들어오는 경우는 허다하기 때문이다. 그게 아니라면 성공한 사업가들이 청년 타이틀을 달고 정치권에 진입한다. 이들이 평범한 청년들을 잘 대변해주리라 믿지 않는다. 정치는 잘할 수 있지만 정책을 잘 만들기는 어려울 것이다.

청년정치 주자들의 대표성 문제는 가정환경에만 국한되지 않는다. 국회의원의 대다수를 차지하는 두 정당의 청년 기준은 만 45세까지이다. 우리가 흔히 생각하는 청년 나이대에 속한 이들은 대학생위원회에 소속된다. 결혼을 일찍 했다면 자녀가 대학생은 되었을 분들이 청년정치를 내걸고 선거에 임하는 모습을 보면 양심이 있는 건가 싶기도 하다. 이것은 청년정치라는 것이 정책 콘텐츠보다는 외적 요소들, 그러니까 타이틀이나 조직으로서 기능하고 있다는 것을 의미한다. 정당이 굳이 40대들을 청년이라고 명명하며 전면에 내세우는 것도 이러한 이유 때문이다.

정당에서 젊은 사람들은 정말 보기 드물다. 이것은 청년들이 정치에 관심이 없어서가 아니라 물리적 · 환경적 요인에서 기인한다. 학교에 다니거나 사회생활을 하는 보통의 청년이라면 국회나 정당에 참여하기 어렵다. 이들이 돌아가는 시간대가 평일 오전 · 오후이기 때문이다. 국회 의원회관에서는 매일 숱한 간담회가 열리는데 오전 10시이거나 오후 2시인 경우가 대부분이다. 행사를 마치고 점심을 먹으러 가거나, 점심을 먹고 와서 간담회를 진행하기에 적당한 시간이다. 이런 간담회에 참석해 목소리 내자고 연차를 소진하는 회사원은 없을 것이다. 그렇게 정치는 돈 좀 벌고 정치해보겠다고 국회를 기웃거리는 낭인들의 장이 된다. 상황이 이렇지만 정당 입장에서는 그들이 가지고 있는 한 표도 아쉽기 때문에 청년의 연령 기준을 높인다.

　청년 가산점은 선거에 참여하려는 40대 초중반의 사람들에게 좋은 유인 요인이 된다. 청년의 범주에 들어가게 되면 경선에서 20~30%의 가산점을 받고 때로는 할당제의 혜택도 누릴 수도 있다. 정당들은 최고위원 같은 당직에서 청년 몫을 빼두기도 한다. 정치에 적극적으로 참여하려는 후보자와 그들이 경선을 위해 선거인단으로 데려오는 사람의 수는, 모르긴 해도 40대 초반이 20대 전체보다 많지 않을까? 어느 한 정당이 먼저 청년 기준을 낮추기 쉽지 않은 이유가 여기에 있다.

물론 나는 단순히 나이가 어리거나 젊다고 청년정치인이라고 생각하지는 않는다. 그 이유만으로 '누구누구의 아들딸'이 하는 청년정치는 반대한다. 40대 성공한 사업가의 청년정치에도 부정적이다. 모름지기 청년정치란 보편적 다수의 2030 세대가 겪고 있는 고민과 감정을 공유할 수 있는 사람, 예를 들어 오랜 기간 계약직으로 일한 뒤 정규직 전환 여부를 전전긍긍한 사람, 회사의 부당한 처우에 혹여나 불이익이 있을까 속을 썩여가며 참았던 사람, 최저임금이 올랐다고 기뻐했는데 정작 사장님은 주던 대로 줘서 이걸 말해야 할지 고민해본 사람, 이런 걸 아는 사람이 해야 한다.

2017년 6월 프랑스 하원의원 선거에서 신생 정당 앙 마르슈!(En Marche!)*가 엄청난 돌풍을 일으켰다. 만들어진 지 불과 1년밖에 지나지 않은, 의석이 하나도 없던 이 정당은 전체 577석의 하원 의석 중 308석을 차지하며 과반을 훌쩍 넘는 기염을 토했다. 집권당 연합 상대인 민주운동당(MoDem)의 의석과 합하면 350석. 450석은 될 것이라는 예상에는 미치지 못했지만, 기존 프랑스 정치판을 뒤바꿔놓은 것은 분명했다**.

당선된 구성원의 면면도 참신했다. 수학계의 노벨상으로 불리는 필즈상을 수상한 인기 수학자부터 여성 투우사, 학생과 무직자까지. 앙 마르슈!의 공천을 받은 428명 중 52%는 출마

---

* '전진'이라는 뜻이 있다.
** 경향신문, "프랑스 총선이 가져온 3가지", 2017.06.19.

해본 경험조차 없는 신인들이었다. 무엇보다 그 중심에는 39세의 나이로 프랑스 대통령 자리에 오른 에마뉘엘 마크롱이 있었다.

프랑스의 지방 소도시 아미앵에서 태어난 마크롱은 어려서부터 수재였다. 성적은 언제나 상위권을 차지했고 스키와 피아노, 프랑스식 권투인 사바테까지 예체능에도 탁월한 능력을 보였다***. 파리 낭테르대학교를 거쳐 프랑스 엘리트 교육의 산실인 그랑제콜 국립행정학교를 수석으로 졸업했다. 이후 재정감사원의 금융조사관으로 첫 사회생활을 시작하고 2008년에는 국제적 금융그룹인 로스차일드에 들어갔다. 연봉 300만 달러를 받는 엘리트 금융인으로 성장한 그는 불과 4년 뒤 사회당 대선 후보 프랑수아 올랑드의 러브콜을 받아 대통령실 부실장으로 정치 인생을 시작한다.

마크롱은 분명 매력적인 정치인이다. 뚜렷한 소신과 혜안, 그리고 유머 감각까지 갖췄다. 다국적기업 월풀의 파업 현장을 찾아가 성난 노동자들과 그 자리에서 장시간 토론하는가 하면 대선 기간 한 시민이 던진 달걀에 뒤통수를 맞자 "달걀로 머리를 감았다"라며 미소를 잃지 않는 내적 여유도 가지고 있

*** 청년정치크루, 「청년정치」, 바른북스, 2017.

청년 목소리 듣겠다면서요

다. 올랑드 대통령의 미적지근한 개혁 정책에 반기를 들고 거대 정당을 뛰쳐나가 신생 정당을 창당하는 모험 정신도 갖췄다. 그 때문에 사회당은 284석의 거대 정당에서 29석의 군소 정당으로 몰락하게 되었다.

마크롱과 앙 마르슈!가 프랑스 정치사에서 써 내려간 신화는 이역만리 대한민국에도 전해졌다. 이내 마크롱 열풍이 불었다. 프랑스에서는 30대 대통령이 나왔다는 둥, 남녀 동수로 공천을 주었다는 둥, 청년들이 대거 하원에 입성했다는 둥. 더욱이 젊고 합리적인 이미지로 인해 마크롱은 많은 한국 정치인들의 롤 모델이 되었다. 개나 소나 "내가 한국의 마크롱"이라며 어필하기 시작했고 급기야 앙 마르슈!의 한국어 명칭을 딴 정당이 창당되기에 이르렀다.

나는 마크롱 열풍에 호들갑을 떠는 언론과 거기에 편승하는 정치인들을 보며 마크롱 대통령이 본의 아니게 한국에 잘못된 선례를 남겨주었다고 생각한다. 정치판이 순식간에 개벽할 수 있다는 신화를 말이다.

정치 개혁은 결코 하루아침에 이루어지지 않는다. 우리가 흔히 기득권층으로 표현하는 기성 정치권은 결코 만만한 집단이 아니다. 정치인이라는 직업이 무서운 것은 그 개인이 가진 권한이 많은 이유도 있지만, 그 이상으로 그가 그 자리까지 올라가면서 쌓은 인적 네트워크가 막강하기 때문이다. 제아무리 뛰어난 능력과 비전을 지니고 있고, 심지어 국민으로부터 두터운 신망을 받는 사람이라 할지라도 정치권에 '갑툭튀'로 나타난다면 제 역량을 펴기 어렵다. 현대그룹 창업주인 정주영과 대학생들이 가장 많이 존경해 마지않던 안철수가 입증한 선례다.

그러나 우리 사회는 여전히 마크롱 같은 정치인이 나타난다면, 혹은 앙 마르슈!와 같은 신생 정당이 돌풍을 일으킨다면 한국 정치가 단숨에 바뀔 수 있으리라는 기대를 버리지 못하고 있다. 단언컨대 그런 정당은 오래가지 못한다.

선거마다 정당별로 청년 인재를 영입하는 데 열을 올린다. 사회적 명성과 지위가 있거나 스토리가 있는 사람들이 주로 그 주인공이 된다. 나는 이들이 비례대표로서 자기 분야의 목소리를 대변하고 새로운 시선으로 사회를 바라보는 데에는 큰 의미가 있다고 생각한다. 그러나 이것이 정치의 본질적인 개혁으로 이어질 수 있는지는 의문이다.

단발성 영입 이벤트보다 장기적으로 인재를 양성하는 토양을 마련해야 한다. 정치권에서 오랜 기간 경험과 인맥을 쌓은 정치인들이 집단으로 목소리를 낼 때만 정치가 바뀔 수 있다. 그러나 우리 정당들은 그 역할을 전혀 하지 않고 있다.

각 당에는 청년위원회가 존재한다. 그러나 대부분의 청년위원회는 청년들이 스스로 정책 의제를 발굴하고 목소리를 내기보다는 정치인들 행사에 머릿수를 채워주고 "우리 행사에 누구누구 정치인이 와서 축사했다"라며 생색내는 정도에 그친다. 한번은 축사만 한 시간을 한 적도 있다. 일반인들은 뜨악하겠지만, 정치권에 있는 사람은 이걸 성과라고 자랑하고 다닌다. 정당에서 여는 정치 학교나 아카데미는 현역 정치인들의 자기 의정 활동 자랑으로 채워진다. 어느 행사를 하러 가도 동원된 똑같은 사람들이 앉아 있는 게 현실이다. 청년정치크루를 하면서 정치인들을 만나면 가장 먼저 듣는 질문이 "몇 명이 활동하고 있느냐?"라는 것인데, 정치인들이 청년 조직을 '동원 가능한 인원수'로 생각하고 있는 인식이 여기에 담겨 있다. 난 그때마다 대답한다. "저희는 현재 일곱 명밖에 없고, 앞으로도 더 늘릴 계획이 없습니다." 그 뒤로 다시 연락을 주는 정치인은 별로 없었다.

독일의 경우는 우리와 다르다. 나는 정치 · 경제 · 사회 · 문화 등 각 분야를 합산해 '지구 대표'를 선출해야 한다면 독일을 뽑을 것 같다. 독일 정치에서 청년은 정당의 동원 인력이 아닌 하나의 기구로서 제 역할을 한다. 정당의 청년위원회에는 별도의 예산과 인력이 배정되어 프로젝트를 수행할 수 있는 여건이 마련된다. 일례로 앙겔라 메르켈 총리가 소속된 기독민주당(CDU)과 기독사회당(CSU)의 연합 청년 조직 JU(Junge Union)은 자체적인 정책 개발이나 당원 교육을 추진하는 한편, 선거 때마다 캠페인에 앞장서기도 한다. 회원 수만 11만여 명에 달한다. 만 14세부터 가입할 수 있기에 청소년기에 정당에서 역량을 기른 정치인들은 20대에 의원에 도전하는 경우가 많은데, 20대에도 10년 가까이 정치 경력을 쌓아 왔기에 가능한 일이다. 이것은 독일 사민당이나 녹색당도 다르지 않다.

앙 마르슈!에 마크롱이 빠진다면 어떻게 될까? 추측이긴 하지만 지금처럼 큰 영향력을 행사하고 많은 의석을 확보하지는 못할 것이다. 마크롱이 곧 앙 마르슈!이기 때문이다. 심지어 영어 약칭도 EM으로 동일하다. 이것은 마치 축구와 비슷한데, 스타플레이어 한 명에 의존하고 그에 맞춰서 전술을 짜는 팀은 지속해서 좋은 성과를 내기 어렵다. 2002년 한·일 월드컵 당시 프랑스 국가대표가 그랬다. 1998년 월드컵 우승, 2년 전 컨페더레이션스컵 우승이라는 화려한 경력에도 불구하고 조별 예선에서 탈락한 이유가 여기에 있다. 지네딘 지단에 맞추어 팀을 꾸렸는데 정작 지단이 월드컵을 앞두고 부상을 입으며 전력에서 이탈했기 때문이다. 기반이 튼튼한 팀은 선수 한

두 명이 부상을 당한다고 해서 쉽게 무너지지 않는다. 독일 정치가 그렇다.

정치는 혼자서 할 수 없다. 하지만 사람들은 여전히 위인의 등장을 기대한다. 온갖 고난과 역경을 딛고 권력을 거머쥔 위인이 단숨에 정치판을 개혁해주길 염원한다. 마크롱 신드롬 이면에 놓인 정서는 그런 것이다. 이렇게 생각하면 아무것도 바꿀 수 없다. 위인만 기다리면서 시스템을 정비할 생각을 하지 않기 때문이다. 우리는 뛰어난 개인의 하드 캐리를 기대하기보다 제대로 된 토양을 만들고 인재를 양성할 준비를 해야 한다. 청년정치의 미래는 여기에 있다.

40세 대통령을 반대한다

언젠가 8개 정당 소속 청년정치인들이 모인 토론회에 패널로 참석한 적이 있다. 나 역시 정당의 일원으로 참석했지만, 당에서 어떤 자리를 맡거나 한 적은 없기 때문에 청년정치크루 대표로서의 자격이 더 컸다. 실제로 인터뷰도 청년정치크루 대표로 나갔다. 토론회에는 더불어민주당과 당시 자유한국당·새로운보수당 등 원내정당*부터 녹색당·기본소득당 같은 원외정당까지 다양한 정당에서 활동하는 청년들이 모였다. 나이는 대체로 나와 비슷한 20대 후반 ~30대 초반이었다.

사회자가 대뜸 이들에게 질문을 던졌다. "우리나라에도 40세 대통령이 나오면 잘할 것 같은가?" 우리나라 「공직선거법」에는 선거에 출마할 수 있는 피선거권의 연령을 제한하는 규

---

* 국회의원이 있는 정당을 원내정당, 국회의원이 없는 정당을 원외정당이라고 한다.

청년 목소리 듣겠다면서요

정이 있는데, 대통령 선거는 만 40세 이상부터 피선거권을 얻기 때문에 그런 질문을 했던 것 같다. 참고로 국회의원이나 지방자치단체장·지방의원은 만 25세부터 피선거권을 가진다.

의욕적으로 정치에 참여하는 청년들이 모인 자리인 만큼 대부분 사람이 당연히 잘할 것이라는 데 손을 들었다. 하지만 나는 잘하지 못할 것이라는 데 손을 들었고, 속으로는 '당분간은 앞으로도 그럴 것이다'라고도 이야기하고 싶었다.

젊은 나이에 정치를 시작하는 사람은 많지만 그 커리어를 국회의원부터 시작하는 경우는 드물다. 우리나라에서 20대의 나이에 국회의원이 된 사람은 다섯 명이 채 안 되는데, 그중에서 가장 유명한 이가 바로 김영삼 전 대통령이다. 김영삼은 1954년 열린 제3대 총선에서 자유당 공천을 받아 만 26세의 나이로 국회의원에 당선되면서 정치 인생을 시작했다. 자유당이라는 대목에서 많은 분이 의아하실 텐데, 그건 김영삼이 얼마 안 가 자유당을 뛰쳐나왔기 때문이다.

김영삼은 이승만 대통령이 초대 대통령에 한하여 3선 제한을 폐지하는 이른바 '사사오입 개헌'을 강행하자 여기에 극렬히 반대했다. 그런데 그를 자유당에 기용한 정권 이인자 이기붕 의원은 이를 만류하기 위해 정작 김영삼의 부친을 찾아가 설득했다. 동료 의원을 제쳐두고 그의 아버지를 찾아가 설득했다는 것은 이기붕이 김영삼을 어린애로 취급했다는 사실을 방증하는 것이다.

1969년에는 2년 뒤 열릴 제7대 대선을 앞두고 김영삼·김대중·이철승 등 40대 정치인들이 '40대 기수론'을 내걸고 출마를 시사했다. 당 서열을 무시한다는 중진 의원들의 비난을 감수해야만 했다. 특히 차기 대권을 노리고 있던 유진산 의원은 "입에서 젖비린내 나는 애들이 무슨 대통령이냐"라는 말도 서슴지 않았다.

내가 40세 대통령이 실패하리라 생각하는 이유도 여기에 있다. 정치에서 가장 어려운 것이 편견과 차별을 깨는 것이다. 나이에 대한 편견, 경력에 대한 차별 등 유교적 정서가 여전히 존재하는 우리나라 정치 풍토상 청년들이 국회의원도 아닌 장관이나 대통령직을 제대로 수행하기란 불가능에 가깝다. 더욱이 젊다는 이유로 혜성처럼 반짝 스타가 등장한다면 조직 내부에서도 엄청난 반발에 부딪힐 것이다. 노무현 전 대통령이 검사 경력이 없던 젊은 변호사인 강금실을 법무부 장관에 임명했을 때가 그랬다. 그때까지 법무부 장관은 검사로서 꾸준히 테크트리를 쌓아온 사람이 임명되어 후배 검사들을 지휘하는 것이 관행이었다. 이런 인식과 문화가 깨지지 않는다면 청년정치인들이 제 능력을 발휘하기 어렵다.

청년 목소리 듣겠다면서요

하지만 편견과 차별은 일정 부분 청년정치를 내건 사람들이 초래한 측면도 있다. 지금까지 청년정치를 내세웠던 사람 중 상당수가 청년이라는 정체성을 강조하기만 했을 뿐 정치인으로서의 비전과 역량을 보여준 게 없다. 스스로 콘텐츠를 개발하여 2030 세대를 대변하기보다는 당에 충성하고, 당 지도부의 입장을 대변하는 모습만 보여주었다. 아니면 청년이니까 자리를 달라는 식으로 떼쓰기만 했다. 특별할 것 없는 '당의 나팔수'를 또래 청년들이 편견으로 바라보는 것은 어쩌면 당연한 결과인지도 모른다.

매력 없는 정치인을 청년이라고 뽑아야 할 이유는 없다. 나는 그런 정치인이 젊다는 이유로 선출되고 국정을 운영하는 것에 반대한다. 정체성을 강조하는 사람 치고 콘텐츠를 가지고 있는 사람은 거의 없다. 상황이 이럴수록 청년정치인들이 새로운 콘텐츠와 대안을 제시해야 한다. 나는 그 가능성이 앞서 언급한 공론장에 있었다고 생각한다. 비록 지향하는 바는 다를지라도 함께 모여 논의하려 하는 태도와 의지 말이다. 스스로가 새로운 모습들을 보여줄 때 어리다는 이유로 따라붙는 편견과 차별도 깨질 것이다.

PART 2

'적당히'가 사라진
낡은 정치

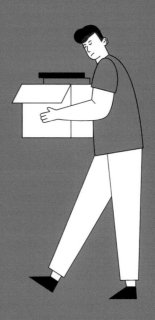

안하무인 여당,
길바닥 야당

"이것이 정치다"

2013년 12월 31일 경향신문 1면에는 위 제목의 기사가 큼지막하게 실렸다. 사진 속에는 당시 국회 국토교통위원회 소속 새누리당 김무성 의원과 민주당 박기춘 의원, 그리고 김명환 철도노조위원장이 손을 맞잡고 있었다. 30일 여야 정치권과 철도노조 지도부가 합의안을 도출하고 철도 파업을 해결하는 순간이었다.

수서발 KTX 자회사 설립을 두고 촉발된 철도 파업은 당시 가장 큰 화제였다. 철도 민영화 논란이 일었고 파업은 철도 역사상 가장 긴 22일간 지속되었다*. 박근혜 대통령의 강경한 성향상 해결이 쉽지 않을 것이라는 인식이 지배적이었다. 그러나 김무성 의원은 청와대를 설득하는 데 앞장섰고, 제1야당이

---

* 경향신문, "이것이 정치다", 2013.12.31.

던 민주당의 박기춘 의원 역시 여당·노조와 합의안을 만들기 위해 발 벗고 나섰다. 국회 국토교통위 산하에 철도산업발전 소위원회를 설치하는 안이 마련되자 노조는 전격적인 파업 철회로 화답했다. 사람들은 "정치가 제 몫을 다했다"라며 정치력을 보인 여야 정치인들에게 찬사를 아끼지 않았다.

그로부터 5년이 지난 2018년 10월, 카카오가 카풀 서비스를 내놓으려 하자 시작된 택시 파업은 사뭇 다른 양상으로 전개되었다. 택시기사들의 파업이 시작되고 일부 기사들이 분신자살하는 지경에 이르자 자유한국당의 나경원 원내대표를 비롯한 야당 정치인들은 너나 할 것 없이 집회장 앞에서 "제가 카카오 카풀을 막겠다"라며 호언장담했다. 그들에게는 박수갈채가 쏟아졌다. 반면 더불어민주당 택시-카풀TF위원장으로서 카카오와 택시 업계 사이 갈등을 조정하고자 했던 전현희 의원에게는 물세례가 쏟아졌다. 그녀는 사태가 일단락될 때까지 혈혈단신으로 고군분투해야만 했다.

비슷한 갈등은 이듬해 타다 서비스를 두고도 반복되었다. 국회의원들은 모빌리티나 공유경제의 미래, 또는 사양산업 종사자들의 점진적인 업종 전환을 고민하기보다는 표를 좇기에 바빴다. 2016년 제20대 국회가 들어선 이래로, 정치인들이 국가적으로 중대한 사안에 대해 갈등을 중재하고 타협하는 모습은 거의 찾아볼 수 없었다.

물론 이전의 국회라고 해서 항상 협력하고 화합이 잘 되었던 것은 아니다. 2015년에는 여야 합의로 통과된 「국회법 개정안」에 대해 정부가 거부권을 행사하고, 협상에 임했던 유승민 새누리당 원내대표를 쫓아내는 상황이 벌어지기도 했다. 정부 시행령에 대한 국회의 견제 기능을 강화한 당시의 「국회법 개정안」이 거부된 이후로 박근혜 정부는 보란 듯이 노동 개혁, 국정교과서, 테러방지법 등을 강행했다. 독단적인 국정 운영의 결과는 박근혜 대통령의 탄핵으로 이어졌다.

어느새인가 여당은 야당을 배제한 채 자신들이 추구하는 바를 강행하고, 야당은 협상이 아닌 장외투쟁으로 대응하는 것이 '국룰'이 되었다. 우리는 하루가 멀다하고 삭발과 단식 등의 뉴스를 접하고 있다. 한정된 자원을 배분하고 사회적 갈등을 조정한다는 정치 본래의 역할은 사라졌다. 투쟁만이 국회에 남았다. 아니, 오히려 정치권이 사회 갈등을 더욱 부추기는 실정이다.

정치의 역할이 왜 중요할까? 우리의 일상을 지키기 위해서다. 정치가 제 기능을 하지 못하는 나라에서는 국민의 일상이 말이 아니다. 부자들은 사설 경호원을 고용하여 호화로운 집을 지키지만, 가난한 사람들은 생계조차 이어가기 어렵다. 국민들이 쓰레기통을 뒤져 상한 음식이라도 찾아 먹는다는 베네수엘라 역시 불과 몇 년 전엔 떠오르는 신흥국이었다. 안보와 치안만이 국가의 역할은 아니라는 이야기다.

정치가 갈등을 거듭한다면, 그래서 국회가 아닌 거리로 나간다면 중요한 의사결정이 때를 놓친다. 빠르게 변화하는 시대에 적응할 수 없다. 예를 들어 택시 산업은 지금 당장이야 큰 틀에서의 혁신 없이 이 정도 선에서 매듭지어도 큰 문제가 발생하지 않는다. 하지만 만일 무인 자동차 시대가 열려도 현재의 경쟁력을 유지할 수 있을까? 아마도 마차가 자동차로 바뀌는 수준 이상의 변화가 일어날 것이다.

산업혁명의 출발지인 영국에서는 19세기 중반 적기조례(Red Flag Act)라는 우스꽝스러운 법안이 시행되었다. 자동차 산업이 성장함에 따라 마부들이 크게 반발했는데, 그들을 달래기 위해 차량의 속도를 마차보다 느리게 제한하고 차를 운행할 경우 붉은 깃발을 든 기수가 55m 앞에서 깃발을 흔들며 차량을 선도하도록 한 것이다. 결국 영국은 산업혁명을 가장 먼저 이뤄냈음에도 자동차 산업의 패권을 독일·미국·일본 등 후발 주자들에게 넘겨주었다. 영국 자동차는 요즘에도 수리를 맡기러 가는 차와 수리를 마치고 나온 차로 나뉜다는 비아냥을 듣고 있다.

대한민국이 북한처럼 문을 닫고 사는 나라라면 정치가 제 몫을 조금 못하더라도 큰 문제가 없다. 그러나 신기술, 신산업은 세계와 경쟁해야 한다. 해외에서는 무인 자동차나 드론 산업을 활성화시키는 법을 도입하고 있는데 우리나라에선 기존 사업 지키자고 마냥 흐름을 막고 있을 수 없다는 이야기다. 그러다 빗장이 열리는 순간 수많은 종사자는 길거리로 내몰리게 될 것이다. 나는 카카오 카풀 사태 당시 정치인들이 표를 의식하여 그런 논의의 장을 발로 걷어차 버린 사실은 비난받아 마땅하다고 본다.

대한민국은 대의민주주의 제도로 운영되고 있는 나라다. 직접민주주의는 현실적으로 불가능하기에 국민들은 자신의 권한을 정치인들에게 위임한다. 권력을 위임받은 정치인들의 가장 중요한 임무는 대화와 타협을 바탕으로 다양한 이해관계를 조정하고 갈등을 해결하는 것이다. 그러나 요즘은 그런 정치인이 보이지 않는다.

우리는 정치인들이 "앞에서 멱살 잡고 싸우면서도 뒤에서는 '형님, 형님' 하며 술잔을 주고받는다"라며 욕한다. 하지만 나는 그것이 정치라고 생각한다. 때로는 앞에서 연출을 할지라도 뒤에서 협상의 끈을 놓아서는 안 된다. 요즘 그런 모습은 거의 사라졌다. 상대방은 뒤에서도 청산해야 할 적폐일 뿐이다.

한국 정치는 과거보다 발전했는데, 왜 국가적으로 중대한 사안에 대해 서로 머리를 맞대고 때로는 양보도 하며 밀고 당기는 정치력은 오히려 찾아보기 힘든 것일까? 왜 국회의원들은 국회의사당이 아닌 거리로 나설까? 오늘날의 정치는 과연 우리의 일상을 무사히 지켜줄 수 있을까?

2005년 10월, 노무현 대통령은 대통령 전용기 구매를 추진했다. 우리나라에는 그때도 지금도 대통령 전용기로 사용하는 공군 1호기가 전세기이다. 김영삼 전 대통령은 대한항공, 김대중 전 대통령은 아시아나항공의 비행기를 빌려 쓰고 있었고 노무현 대통령은 두 항공사의 기종을 번갈아 쓰고 있었다. 그는 "공군 1호기는 국내용이라 미국·유럽을 갈 땐 탈 수 없다"라고 하소연하기도 했다*. 정부는 2006년 6월 "전용기 도입이 전세기보다 경제적"이라는 한국국방연구원(KIDA)의 타당성 조사를 바탕으로 국회에 전용기 구매 예산 편성을 요청했다.

당시 야당이던 한나라당은 발끈했다. 전용기를 구입할 예산이 있으면 전기료 5만 원을 못 내 촛불을 켜고 사는 수많은 빈

---

* 한국일보, "여당일 땐 "대통령 전용기 구매"… 야당 되면 "예산 낭비"", 2018.07.05.

곤충에 따뜻한 눈길을 돌려야 한다는 것이 이유였다. 예산은 전액 삭감되었고 대통령 전용기 구입은 그렇게 물 건너갔다.

그런데 2년이 지나고 이명박 대통령이 집권하자 사정이 달라졌다. 막상 여당이 되고 보니 대통령 전용기가 필요했던 것이다. 이번에는 야당이 된 민주당이 같은 논리로 전용기 구입을 반대했다. 논란은 결국 한나라당이 과거의 발목 잡기를 사과하며 일단락되었지만, 보잉사가 비행깃값으로 정부의 예상보다 3,000억 원 많은 8,000억 원을 부르며 백지화되었다.

여당일 땐 찬성하다가도 야당이 되면 반대하는, 공수에 따라 입장을 번복하는 사례는 비단 이뿐만이 아니다. 특히 이념·정책적 차이가 크지 않은 사안에서 더욱 빈번히 나타난다. 참여정부가 세수 증가와 흡연율 감소를 위해 담뱃값을 500원 인상하려 했을 때, 박근혜 한나라당 대표는 노무현 대통령의 면전에서 "담배는 서민이 애용하는 것 아닌가. 국민이 절망하고 있다"라고 말했다. 그녀는 대통령이 된 뒤 담뱃값을 2000원 올렸다. 그때의 여당은 야당이 된 오늘날 다시 "담뱃값을 2000원 내려야 한다"라고 주장하고 있다.

똑같은 사안에 대해 몇 년 사이 입장을 180도 바꾸는 데에는 합리적인 명분이 있을 수 없다. 흔히들 입장을 번복할 때 상황이 변했다는 핑계를 대곤 하는데, 대통령 전용기 구입이

'적당히'가 사라진 낡은 정치

나 담뱃값 인상이 어떤 상황에 좌우될 만한 사안은 아니다. 정치인들은 이렇게 입술에 침도 안 바르고 말 바꾸는 것을 국민이 모를 것이라 생각하는 모양이다.

사실 대통령 전용기 구입 논란은 에피소드에 불과하다. 말 바꾸는 정치인들의 모습이 우스꽝스럽긴 해도 우리 삶에 큰 영향을 끼치지는 않는다. 그런데 국가적으로 중요한 사안이라면 이야기가 달라진다. 예컨대 연금 문제가 그렇다. 연금은 정치권에서 가장 해결하기 어려운 문제 중 하나다. 저출산·고령화로 고갈 속도는 빨라지는데 자칫 '더 내고 덜 받는' 식으로 개혁하려 했다간 역풍을 맞기 십상이다. 그렇다고 손 놓고 있을 수만도 없다. 안 그랬다간 우리 후손들이 그 부담을 고스란히 떠안아야 하기 때문이다.

책임감 있는 정부들은 모두가 이 연금을 개혁하기 위해 힘썼다. 노무현 대통령은 취임 반년 만에 이 작업에 착수했다. 당시 '보험료율 9%, 소득대체율 60%*'이던 것을 '보험료율 9%, 소득대체율 40%'로 낮추었다. 이제는 작가가 된 유시민 당시 보건복지부 장관이 총대를 멨다. 시민 단체들은 유 전 장관을

---

* 보험료율은 '소득에서 보험료로 나가는 금액의 비율'을, 소득대체율은 '국민연금 가입 기간의 평균소득을 현재 가치로 환산한 금액 대비 연금으로 지급하는 비율'을 의미한다.

향해 "최악의 복지부 장관"이라는 비난을 서슴지 않았지만, 난 참여정부가 마땅히 해야 할 일을 했다고 본다. 믿기 어렵지만, 박근혜 대통령 또한 임기 중 공무원연금 개혁을 위해 강력한 드라이브를 걸었다. 거기에 더해 건강보험에도 20조원이 넘는 적립금을 쌓아두었다.

야당은 노무현 대통령 때에도, 박근혜 대통령 때에도 같은 이유를 들어 연금 개혁에 반대했다. 그게 본인들에게 유리했기 때문이다. 야당으로서 정부의 정책을 공격하는 것은 손쉬운 일이다. 잃을 건 없는데 국민들 속 시원하게 해주는 데서 얻는 포인트는 많다. 그러다 보니 정작 집권하고 책임감을 보여야 할 때 과거의 발언들로 인해 난감한 상황들이 생긴다. 적어도 집권 가능성이 있는 공당이라면 상대방을 비판할 때 자신도 그 위치에 갈 수 있다는 점을 항상 염두에 둬야 한다. 국가적 의제를 두고 여야가 합의하지 못하고 서로 발목 잡기를 거듭하는 것은 국민에게도 불행이다.

시간이 지나고 사회 분위기가 변화함에 따라 정책 기조가 달라질 수는 있다. 이때 국민에게 솔직하게 이유를 설명하고 양해를 구한다면 많은 이들이 이해해줄 것이다. 하지만 현실에서 그런 정치는 이루어지지 않는다. 정치인은 뻔뻔해야 한다고 하는데 상황이 이럴수록 오히려 양심이 더 필요한 게 아닌가 싶다.

폭탄주의 창시자로도 유명한 박희태 전 국회의장은 1996년 6월 여당인 신한국당이 과반수 의석 확보를 위해 무소속 의원들을 영입하려 하자 야당인 국민회의 측이 강하게 비판하는 것을 두고 "야당도 민주당 의원 빼다가 국민회의라는 정당 만들지 않았느냐"라며 "내가 사면 부동산 사면 투자고 남이 사면 투기라더라. 남이 하면 스캔들이고 내가 하면 로맨스인가"라고 반박했다*. 다음 날 신문 1면은 "내가 하면 로맨스, 남이 하면 불륜"으로 장식되었다. '내로남불'은 이후 20년이 넘도록 한국 정치를 상징하는 단어가 되었다. 아마 국민이 정치를 불신하는 가장 큰 이유일 것이다. 자신의 유불리에 따라 말을 바꾸지 않는 정치, 우리는 언제쯤 볼 수 있을까. 적어도 당분간은 못 볼 것 같다.

---

* 머니투데이 the300, "[the300 레터]정치권 로맨스와 불륜", 2017.03.29.

　　　　　　　박근혜 전 대통령은 재임 기간 중 많은 유행어를 남겼다. "내가 이러려고 대통령을 했나"라든지 "간절히 원하면 전 우주가 나서서 도와준다"와 같이 짧은 문구부터, "우리의 핵심 목표는 올해 달성해야 될 것은 이것이다 하는 것으로 정신을 차리고 나아가면 우리의 그 어떤 에너지를 분산시키고 해낼 수 있다는 그런 마음을 가지셔야 될 거라고 생각합니다"처럼 대통령감이 안 되는 평범한 사람들은 이해하기 어려운 말들까지 하나둘이 아니다. 과잉 연출에 익숙한 비서실 때문에 "살려야 한다(궁서체)"처럼 본의 아니게 남긴 유행어도 있다. 하지만 나는 그녀가 남긴 말 중 가장 인상적인 것을 고르라면 "고심 끝에 해경을 해체하기로 결론을 내렸습니다"를 꼽고 싶다. 그 발언으로 말미암아 대대적인 정부 조직 개편이 이루어졌기 때문이다.

　세월호 사건 이후 해경이 해체되면서 국민안전처라는 거대 조직이 탄생했다. 국민안전처에는 해경뿐만 아니라 안전행정부의 안전 업무, 해양수산부 산하 해양교통관제센터, 소방방재청도 흡수·통합되었다. 세월호 사건 당시 그토록 말이 많았던 '컨트롤타워' 역할을 하기 위해서였다. 하지만 이질적 부처 간 조합은 오래가지 못했다. 국민안전처는 정권이 바뀌며 다시 행정자치부와 통합해 행정안전부가 되었다.

눈썰미 있는 분들은 눈치채셨을 것이다. 계속 같은 부처만 언급하는데도 안전행정부·행정자치부·행정안전부로 세 번이나 이름이 바뀌며 거론되었다는 것을. 결코 오타가 아니다. 그만큼 우리나라 정부조직 개편이 빈번하게 이루어지고 있음을 의미한다.

대부분 대통령은 임기를 시작하며 자신의 국정 철학에 맞추어 대대적인 정부조직 개편을 단행한다. 교육인적자원부가 교육과학기술부가 되었다가 다시 교육부가 되는 것은 이러한 이유에서다. 때로는 미래창조과학부처럼 없던 부처가 신설되기도 한다.

하지만 행정안전부처럼 잦은 변화를 겪는 부처도 드물다. 행정안전부는 내무부 시절부터 무려 8번이나 그 명칭이 변경

되었다*. 심지어 이명박 정부에서 박근혜 정부로 넘어갈 당시에는 안전을 강조하겠다는 의미에서 행정안전부를 안전행정부로 바꾸는 웃지 못할 일도 벌어졌다. 대통령의 정치 지향에 따라 부처의 역할 자체를 바꾼다면 모를까 이렇게 단어의 앞뒤 배치를 바꾸는 이유는 이해하기 쉽지 않다. 왜 굳이?

대통령이 바뀜에 따라 일어나는 변화는 조직 개편에만 머물지 않는다. 기존에 추진되던 사업은 깡그리 갈아엎어진다. 전임 대통령이 중점을 두고 추진한 사업일수록 후임자가 들어서면 폐기될 확률이 높아진다. 심지어는 같은 정당에서 선출된 대통령이라 할지라도 전임자의 국정 기조를 이어가지 않는다. 이명박 대통령 시절 귀에 못이 박이게 들었던 "녹색성장"은 박근혜 대통령이 집권하면서 쥐도 새도 모르게 사라졌다. 박근혜표 "창조경제"가 언론을 뒤덮고 창조경제혁신센터가 전국 곳곳에 문을 열면서 녹색성장은 찬밥신세가 되었다. 같은 이유에서 창조경제는 문재인 대통령이 집권한 뒤 관뚜껑을 덮었다.

이렇게 정책이 급변하는 이유는 하나, 전임 대통령의 정책

---

* 전자신문. "[문재인 정부 조직 개편]행자부, 4년만에 행정안전부로 개편…국민안전처 3년만에 폐지". 2017.07.20.

이기 때문이다. 대통령들은 모두 전임자와의 차별성을 원한다. 이전 정권의 연장선상에 놓이기를 거부한다. 컴퓨터를 물려받은 뒤 어떤 프로그램이 있든 포맷하고 윈도우를 새로 설치하려는 것처럼 말이다. 국민에게 유익한 프로그램이 있을지도 모르는데 무작정 포맷부터 하려고 드니 불필요한 비용을 야기한다. 개혁을 빌미로 전 정권 인사들에게 매우 가혹한 징계를 내리기도 한다. 그런 대통령들은 모두 말로가 좋지 않았다.

'전임자 성과 지우기'는 규모가 상대적으로 작은 지방자치단체에서 더욱 빈번하게 일어난다. 국민 입장에서는 정부나 지방자치단체가 시작한 일들이 얼마 지나지 않아 폐기되고 하니 혼란만 가중된다. 정권 역시 장기 플랜을 내놓는 일은 꿈도 꿀 수 없다. 전임자가 강력히 추진했더라도 괜찮은 정책이 있다면 이어갈 수 없는 것일까? 보통 사람이면 "왜 못해?"인데 정치인들은 "절대 못 해!"인 것 같아 씁쓸하다.

대통령들은 당선되고 나면 자신들이 5년짜리 계약직 사장임을 망각하는 것 같다. 그들은 자신이 대한민국이라는 시스템 안에 놓인 정치인이 아니라 새로운 나라의 건국자가 되기를 희망한다. 하지만 5년은 짧고 권력은 언젠가 바뀐다. 그때가 되면 누군가가 자신이 한 일을 다 뒤엎고 새로운 플랜을 짤 것이다. 거기에 드는 비용 부담은? 당연히 우리의 몫이다.

미국에 폴 크루그먼(Paul Robin Krug-man)이라는 경제학자가 있다. 2008년 노벨경제학상을 수상하기도 했던 그는 2007년 발표한 『Conscience of a Liberal』(국내에서는 『미래를 말하다』로 번역 출간)이라는 책에서 미국 사회 불평등의 원인을 추적했다. 그의 진단은 정치 양극화였다.

대공황이 일어날 때까지 미국은 극심한 불평등을 겪는 나라였다. 19세기 말부터 20세기 초까지, 물질주의와 부정부패가 팽창한 그 시기를 사람들은 '도금 시대(Gilded Age)'라 불렀다. 미국 평균 노동자 2만 명의 연봉보다 많은 소득을 올리는 억만장자들이 속출했다*. 1900년 22명이었던 억만장자는 1925년 32명으로 불어났다. 철도 · 제조 · 석유 재벌들이 많았는데 우

---

* 버클리대학교의 경제학자 J. 브래포드 드롱(J. Bradford DeLong)이 계산한 그들의 재산은 2000년대 중반 기준 약 20억 달러 정도다.

리가 흔히 아는 존 록펠러나 앤드류 카네기 같은 인물들이 바로 그 주인공이다. 그들이 향유한 사치스럽고 호화로운 문화는 소설 『위대한 개츠비』에서도 잘 묘사되어 있다.

부자들의 재산이 늘어났던 것과 반비례해 노동자들의 처우는 줄어들었다. 대기업 경영진은 마음대로 임금이나 노동 환경을 정했고, 노조의 파업은 때때로 주 정부군이나 연방군이 동원되어 진압되었다**. 정부가 국민의 삶을 보장하지도 않았다. 사회보장 제도나 의료보험은 전혀 찾아볼 수 없었다. 흑인이나 이민자들에게 투표권이 없던 시절이기 때문에 그들이 정치적으로 목소리를 내기도 어려웠다. 역설적이게도 대공황이 이런 상황을 완전히 뒤바꿔놓았다.

미국인들이 가장 존경해 마지않는 프랭클린 루즈벨트 대통령(Franklin Delano Roosevelt)은 시장경제에 강력한 정부 개입이라는 극약처방을 내렸다. 그 유명한 뉴딜정책이 첫 삽을 뜬 것이다. 걸출한 경제학자 케인즈(John Maynard Keynes)가 이론적 바탕을 제공했다. 미국이 그동안 비판해오던 사회주의적 정책이었다. 하지만 그의 선택은 현명하고 탁월했다. 그는

** 폴 크루그먼, 『미래를 말하다』, 예상한·한상완·유병규·박태일 역, 현대경제연구원BOOKS, 2018.

먼저 노동자의 1/4 이상이 실업자인 현실을 타개하기 위해 대대적인 국책 사업에 돌입했다. 테네시강 유역에 다목적 댐을 건설하는 한편 「산업부흥법」을 제정해 적극적으로 산업에 개입했다. 노동조합의 지위는 격상되었고 최저임금과 노동시간에도 제재가 가해졌다.

정부가 사업을 추진할 '총알'을 마련하기 위해 세금도 대폭 올렸다. 기업 이익에 대한 연방세는 1929년 14%도 안 됐지만 1955년에는 45%까지 올라갔다. 상속세의 상한률도 20%에서 45%로 오르더니 이후에는 77%까지 상승했다. 소득세 역시 루즈벨트 대통령의 첫 번째 임기 때는 63%까지 올랐고 두 번째 임기 때에는 79%를 찍었다. 1950년대 중반에는 냉전 비용을 충당하기 위해 지금으로서는 상상하기도 어려운 91%의 소득세를 부과했다.

많은 억만장자가 사라지고 중산층은 두터워졌다. 기술의 발달은 노동자 계층들도 자동차, 세탁기, 전화기 등 문명의 이기를 누릴 수 있게 했다. 화이트칼라와 블루칼라 노동자 사이의 격차도 줄었다. 미국의 경제학자들은 상류층과 노동자 계층의 격차가 줄어든 이 시기를 '대압착 시대(Great compression)'라고 불렀다.

폴 크루그먼은 이와 같은 대압착 시대의 이면에 미국 민주당과 공화당 간 초당적 협력이 있었다고 주장한다. 사람들은 흔히 경제가 어려워지면 정치가 극단화된다고 생각하는데, 미국의 역사적 경로를 추적해보면 경제가 아닌 정치가 변화를 주도했다는 것이다. 실제로 미국의 역사는 양당 간 좁은 이념적 격차와 여기에서 나오는 협력이 국가적 위기를 극복할 수 있는 '포텐'을 마련했음을 증명했다. 물론 그는 책에서 "공화당의 전향적 자세"를 강조했지만, 민주당 또한 그런 공화당을 포용할 그릇이 됐다는 것을 간과해선 안 된다.

1930년대부터 1960년대까지 이어진 미국의 경제 호황기에서 양당의 정책적 격차는 거의 없다고 할 정도로 줄어들었다. 공화당은 뉴딜정책의 유산을 부정하지 않았다. 일례로 1957년부터 이듬해까지 이어진 제85대 연방의회에서는 보수적인 민주당 의원들보다도 진보적인 공화당 의원의 수가 많았다. 상대 당의 법안에 투표하는 교차투표도 활성화되었다. 증세와 사회보장 제도, 실업보험 등은 별다른 반발 없이 도입되었다. 공화당의 닉슨 대통령은 여러모로 진보정당이 할 법한 정책을 폈다. 사회보장지급액을 물가 상승과 연동했고, 장애가 있는 저소득층 노인들에게 생활보조금을 지급하도록 했다. 심지어는 요즘도 미국에서 문제가 되는 국민의료보험 제도까지 만들려고 했다. 민주당 역시 선 넘지 않고 점진적인 개혁에 만족했다. 이들의 이념적 차이가 별로 크지 않았기 때문에 유권자들의 투표 성향 역시 소득과 관계가 없었다.

양당 간의 초당적 제휴는 공화당이 정국 주도권을 빼앗아오기 위해 이탈하면서 깨졌다. 1970년대 들어서 보수 진영을 중심으로 부유층 세금 과세에 반대하는 운동이 일었다. 그들은 닉슨이 "진보주의자처럼 통치한다"라며 무시했다. 그가 워터게이트 사건으로 물러나자 공화당은 더욱 급진적으로 보수화되었다. 그리고 결국 1980년대 들어 레이거노믹스로 대표되는 신자유주의의 시대를 열었다.

이후 미국에서 당을 초월한 협력 관계는 좀처럼 보기 힘든 것이 되었다. 대표적인 것이 1995년 있었던 연방정부 폐쇄 사건이다. 미국에서는 새해 예산안 통과 시한까지 양당이 합의를 이루지 못하면 정부 기관이 문을 닫는 '셧다운'이 발생한다. 1995년 공화당의 뉴트 깅리치 하원의장이 메디케어 예산을 대폭 삭감하고 건강한 노인들이 메디케어에서 탈퇴하면 인센티브를 주는 법안을 통과시키려 하면서 갈등이 점화되었다. 빌 클린턴 대통령은 물러서지 않았고 결국 사태는 셧다운까지 갔다. 공화당은 닉슨 대통령 때와 정반대로 의료보험을 무력화할 수 있다면 정부 기능을 마비시키는 데까지도 갈 수 있음을 보여준 것이다.

'적당히'가 사라진 낡은 정치

대통령이 자기 정책을 강하게 밀어붙일 때도 셧다운은 자주 발생한다. 도널드 트럼프 대통령은 멕시코 국경지대에 장벽을 설치하는 것을 두고 민주당과 심한 갈등을 겪고 있는데, 이를 입증이라도 하듯 셧다운 일수는 트럼프 대통령이 역대 최장 기록을 해마다 경신하고 있다.

사람마다 생각이 다르고 이해관계가 엇갈린다. 그들을 대변하는 정당들의 의견이 엇갈리는 건 정상적인 일이다. 갈등 없는 국회는 일당독재나 마찬가지다. 하지만 무엇을 가지고, 어느 수준에서 싸우느냐도 중요하다. 국민의 이해를 놓고 싸우느냐, 자기들의 권력을 놓고 싸우느냐가 그 나라 정치의 수준을 가른다. 우리는 대개 후자였던 것 같다.

더욱이 경제에 빨간 불이 들어오고 외교적으로 굵직한 현안들이 눈앞에 놓여 있는데도 자기네들 밥그릇 가지고 싸운다면 말할 것도 없다. 만일 미국의 정당들이 대공황 시절에도 지금처럼 갈등을 반복했다면 역사는 다른 방향으로 전개되었을 것이고, 그 전개가 긍정적이지 않았으리란 것은 쉽게 예상할 수 있다.

정치권은 대체로 전쟁이나 공황 등 심각한 문제가 닥쳤을 때야 마지못해 손을 잡는다. 그마저도 하지 않는 나라는 나락으로 떨어진다. 갈등과 대립으로 문제를 해결할 수 있는 기회를 다 날렸기 때문이다. 그때가 되면 국민의 일상은 이미 되돌릴 수 없을 만큼 망가져 있는 경우가 대부분이다. 갈등의 비용으로 치부하기엔 너무 비싼 대가가 아닌가.

최루탄, 오함마, 빠루

2011년 11월 22일 국회 본회의장에서 난데없이 최루탄이 터졌다. 민주노동당의 김선동 의원이 한미자유무역협정(FTA) 비준동의안 통과에 반발하며 터뜨린 것이다. 의장석에 최루탄 가루가 자욱하게 날리는 사진이 모든 언론을 장식했다. 이 사건으로 우리나라 국회는 세계적인 웃음거리가 되었다. 그는 이 사건과 더불어 민주노동당 회계 책임자로 있으면서 선관위에 신고하지 않은 은행 계좌로 145억여 원을 입금받은 행위로 의원직을 상실했다*.

다 지났으니 하는 말이지만 2008년 6월부터 2012년 5월까지 재임한 제18대 국회는 다이내믹한 매력이 있었다. 2008년 12월 한나라당이 외교통상통일위원회 회의실 문을 걸어 잠그고 한미FTA 비준안 상정을 강행하려 하자 더불어민주당의 전

---

* 연합뉴스, "국회 최루탄 투척' 진보당 김선동 의원직 상실", 2014.06.12.

신인 통합민주당 의원들이 전기톱과 쇠망치로 문을 부수고 쳐들어간 일이 발생했다*. 이듬해 초에는 민주노동당 강기갑 대표가 미디어법 날치기에 반발하며 국회의장실에서 항의하는 과정에서 책상 위로 올라간, 그 유명한 '공중부양' 사진이 보도되기도 했다.

제18대 국회의 레전드 시절은 2010년 겨울이었다. 한나라당의 예산안 단독 처리를 반대하던 민주당 강기정 의원과 육사 출신의 한나라당 김성회 의원이 서로 주먹을 날린 것이다. 국회의 주먹다짐은 결코 〈아인시대〉의 한 장면처럼 낭만적이지 않았다. 이때 국회에는 '동물 국회'니 '폭력 국회'니 하는 안 좋은 수식어들이 줄줄이 붙었다.

4년 내내 벌어진 몸싸움은 결국 국회선진화법으로 이어졌다. 국회 내에서의 폭력 행사와 회의장 출입 방해 등을 엄벌하는 내용이 담겼다. 그리고 폭력의 원인이 되었던 날치기를 막기 위한 조항도 포함되었다. 그전까지는 상임위에서 해결하지 못한 것들을 국회의장이 직권상정으로 본회의에서 처리하는 일이 종종 있었다. 쩡만 먹으면 얼마든 법안 날치기가 가능했다. 국회선진화법은 이와 같은 직권상정을 제한했다. 패스트트

---

* 노컷뉴스, "동물 · 식물 국회 지나니 이제는 '막말'국회", 2019.03.13.

락이라는 제도도 도입해 소수가 무조건 발목 잡는 행위도 방지하고자 했다. 1973년 폐지된 필리버스터도 다시 부활했다. 필리버스터란 소수파가 다수파의 독단적인 의사진행을 방해하기 위한 장치로, 무제한 시간 동안 반대토론을 하는 것을 말한다.

처음 도입 당시 국회선진화법의 취지는 더 이상 싸우지 말고 대화와 타협으로 중요한 문제를 해결하는 국회를 만들자는 것이었다. 하지만 결과는 모두가 알 듯 그 반대였다. 제19대 국회는 한쪽이 반대하면 아무것도 해결하지 못하는 '식물 국회'라는 오명을 남겼다. 박근혜 대통령 당시 여당에서는 제 손으로 만든 국회선진화법이 문제가 있다며 다시 고쳐야 한다는 목소리가 나오는 웃픈 일도 벌어졌다. 국회선진화법은 제19대 총선 직전에 통과되었는데, 그때까지만 해도 새누리당은 본인들이 다음 선거에서 질 줄 알았던 것이다.

2019년에는 난데없이 빠루(노루발못뽑이)가 등장했다. 나는 〈배틀그라운드〉에서나 보던 빠루가 실제 국회에 등장하리라고는 상상도 못 했다. 빠루를 들고나온 장본인은 자유한국당 나경원 원내대표. 그녀는 "여당 혹은 국회 경호과에서 사용하려던 것을 당직자가 빼앗아왔다"라고 주장했다. 빠루의 실사용자는 누구냐는 논란이 또 한 번 일었다.

안하무인 여당, 길바닥 야당

아이템들은 효과가 있었을까? 사실 국회에서 이런 도구들을 사용한다고 해도 정세를 바꾸지는 못한다. 최루탄과 전기톱, 해머, 빠루를 사용한 야당들은 모두 졌다(물론 야당의 의견을 무시한 채 독단적으로 법안 처리를 강행한 여당에도 책임이 있다). 거기에 더해 형사처벌의 짐을 질 때도 있다. 그들은 정말 몰랐을까? 최루탄과 빠루를 쓴다면 여당의 법안 강행을 막을 수 있다고 믿었던 것일까? 아니다. 이미 막을 방법이 없음을 그들도 안다. 다만 지지층에게 자신들이 제 역할을 하고 있다는 것을 보여주기 위해, "우리가 밀리지 않고 최선을 다했습니다"라는 메시지를 주기 위해 사활을 걸고 투쟁할 뿐이다. 여기에 속 시원할 지지자도 있을지 모르지만 대다수 국민은 한숨만 나온다.

정치란 각자가 대변하는 집단의 이해관계를 상대방과 조정하는 과정이다. 그 과정에서 충돌이 없을 수는 없다. 그땐 싸워야 한다. 말과 글 그리고 논리로. 최루탄과 주먹보다는 대화와 협상이 오가는 국회를 보고 싶다.

"판 깨" 네거티브 캠페인

'아버지 부시'로 유명한 조지 H.W 부시(George Herbert Walker Bush) 대통령은 언론이나 커뮤니케이션을 전공하는 대학생들에게 매우 익숙한 인물이다. 그가 시작한 걸프전이 전쟁 보도의 양상을 바꿨다는 점, 1992년 재선을 위한 대통령 선거에서 "문제는 경제야, 바보야!"라는 프레임으로 맞선 빌 클린턴 후보에게 패했다는 점 등이 수업에서 두고두고 다뤄지기 때문이다. 요즘은 어떤지 모르겠지만 내가 대학에 다니던 10년 전만 해도 외국 정치인 중에서 '아버지 부시'만큼 자주 거론되는 인물이 없었다.

그는 가장 성공한 네거티브 캠페인의 주인공으로도 유명했다. 1988년 제41대 대통령 선거에서 당시 매사추세츠 주지사이던 민주당 후보 마이클 듀카키스(Michael Stanley Dukakis)에게 20%가량 뒤지던 초반 여론조사 결과를 뒤집고 승리를 거머쥐었기 때문이다. 부시 캠프는 선거 내내 집요한 네거티

안하무인 여당, 길바닥 야당

브 공세로 듀카키스를 흔들었다. 부시 측의 스티브 심즈 공화당 상원의원은 한 라디오 인터뷰에서 듀카키스의 아내가 베트남전쟁 반대 운동을 벌이면서 성조기를 불태우는 행위를 서슴지 않았다고 말했다*. 그 증거는 "믿을 만한 사람의 증언"이었다. 나약한 안보는 듀카키스의 흠이 됐다.

쐐기를 박은 것은 '윌리 호튼(Willie Horton) 사건'이었다. 살인죄로 복역 중이던 죄수 윌리 호튼이 주말 휴가 제도를 이용해 교도소 밖을 나갔다가 성폭행을 저질렀다. 부시는 그 원인이 사형제에 반대하고 죄수들에게 휴가를 준 듀카키스에 있다고 집요하게 물고 늘어졌다. 더욱이 윌리 호튼이 아프리카계 미국인이었다는 이유로 이 사건은 이민에 대한 미국인들의 불안감을 더욱 증폭시켰다. 대응할 가치가 없다고 판단한 듀카키스는 별다른 반박을 하지 않았다. 하지만 국민은 흔들렸다. 참고로 죄수들의 주말 휴가 제도는 조지 부시가 부통령이던 시절 행정부에서 허가한 제도였다.

네거티브 캠페인이 잘 먹히는 것은 부정 편향성(negativity bias)과 연관이 있다. 우리는 사람을 평가할 때 긍정적인 측면보다 부정적인 측면에 더 큰 비중을 두고 정보를 처리한다. 소

---

* 경향신문, "참을 수 없는 '네거티브'의 유혹", 2012.12.08.

개팅에서 백 번 말 잘해도 한 번 말실수하면 판이 깨지는 것은 이런 효과 때문이다. 어떤 정치인에게 숱한 긍정적인 뉴스가 있다고 하더라도 하나의 부정적인 뉴스가 터지면 사람들은 마음을 바꾸고는 한다. 네거티브 캠페인이 허위사실을 바탕으로 한 것이라 할지라도 상대는 회복할 수 없는 상처를 입는다.

네거티브 공세를 받는 입장으로서는 여간 곤혹스러운 것이 아니다. 반박하자니 상대가 마련해둔 싸움판에 말려들게 되고, 가만히 있자니 듀카키스처럼 문제를 자인하는 것처럼 비칠 수 있기 때문이다. 때때로 지나친 네거티브 공세에 역풍이 불기도 하지만, 많은 정치인이 상대에 대한 비방을 통해 짭짤한 재미를 보고 있는 게 현실이다. 하지만 나는 정치에도 상도덕이 있다고 생각한다.

진짜 악질적인 네거티브 캠페인은 판 자체를 진흙탕으로 만드는 것이다. 이것은 대개 양당제 국가에서 두 진영 간 대립이 첨예할 때 나타난다. 정치판에 근거 없는 비방과 인신공격이 난무하면 많은 사람은 여기에 환멸을 느끼고 관심을 멀리한다. "그놈이 그놈이다"라는 생각에. 그렇게 되면 확실한 고정 지지층을 가진 정치 세력에게는 더욱 유리한 구도가 형성된다. 이미 쥐고 있는 표는 상대보다 많은데 중도층·부동층이 투표장에 가지 않으니 이길 확률이 매우 높아지는 것이다.

지지층만 바라보고 판 자체를 깨는 네거티브 캠페인은 국가적으로도, 국민에게도 결코 바람직하지 않다.

이런 정치를 바꾸려면 유권자가 나서는 수밖에 없다. 누군가에 대한 부정적인 뉴스가 나오면 감정과 댓글 여론에 휘둘리기보다 사실관계를 꼼꼼히 따져가며 자기 시선으로 사건을 바라봐야 한다. 하지만 무엇보다 좋은 건 네거티브 캠페인을 수시로 일삼는 정치인에게 표를 주지 않는 것이다. 유권자들이 나서서 네거티브 선거운동이 결코 당선에 도움이 되지 않는다는 인식을 심어줄 필요가 있다. 상도덕을 져버린 정치인은 장사 못 하게 말이다.

흔히들 경제 영역에서 정치적 양극화가 심할 것으로 생각한다. 부동산이나 대기업 관련 정책들로 여야가 종종 마찰을 빚기 때문이다. 하지만 여기에는 일종의 착시가 있다. 경제 분야는 단기적으로 큰 갈등을 빚는 것처럼 보이지만, 긴 기간을 놓고 봤을 땐 어느 정도 가운데로 수렴한다. 일례로 2012년 대선 당시 새누리당 박근혜 후보가 내놓은 경제민주화 관련 공약들은 그 5년 전 대통합민주신당의 정동영 후보가 내놓은 공약들보다 진보적이었다. 더 멀리 봤을 땐 1989년 '토지공개념 3법*'을 도입한 노태우 대통령의 사례도 있다. 우리나라 규모의 국가 경제는 더 이상 '도 아니면 모' 식으로 해결할 수도 없거니와 수치를 다루는 만큼 절충점

---

* 개발이익환수제, 택지소유상한제, 토지초과이득세. 이중 개발이익환수제를 제외한 나머지 두 법은 훗날 헌법재판소로부터 헌법불합치 결정을 받았다.

안하무인 여당, 길바닥 야당

을 찾는 게 비교적 쉽기 때문이다. 정부 성향에 따라 국가 개입을 중요시하거나 시장의 자율을 강조할 수는 있어도 경제 문제를 두고 상대방의 정책에 반대하며 길바닥에 드러눕고 하지는 않는다.

하지만 남북 관계는 다르다. 진짜 길바닥에 드러눕기도 한다. 2018년 평창동계올림픽 폐회식을 앞두고 북에서 김영철 노동당 부위원장을 파견하자 자유한국당 소속 국회의원들은 파주 통일대교를 봉쇄하고 육탄전을 벌였다. 북한 고위급 대표단이 이동하는 경로였다. 김영철은 2010년 천안함 폭침, 연평도 포격 사건을 지휘한 인물로 알려져 있다. 꼭 김영철의 방한이 아니더라도 남북 관계에서 파생하는 첨예한 갈등을 우리는 자주 접할 수 있다. 천안함 폭침에 따라 대북 교류를 중단했던 '5·24조치' 때도 그랬고, 개성공단을 전면적으로 폐쇄할 때도 그랬다. 어느 정권이 들어서든, 그게 진보든 보수든 이 문제만큼 냉탕과 온탕을 오가는 영역은 별로 없다.

남북 관계는 일반 국민의 정서에 비해 국회로 갔을 때 그 갈등이 증폭되는 측면이 있다*. 예를 들어 북한이 핵실험이나 미

---

* 채진원, 「남남갈등에서의 정치적 양극화와 중도정치」, 『통일인문학』 제69집, 건국대학교 인문학연구원, 2017.03, pp.161-199.

사일 발사를 강행하면 진보 진영은 "(그럼에도) 교류협력 확대, 대북지원 유지"를, 보수 진영은 "(이참에) 전면적인 대북제재"를 주장하곤 한다. 많은 국민의 입장은 그 중간에 분포하는 경우가 대부분이다. 이런 걸 보면 정치권이 '진보=친북', '보수=반북'이라는 편견을 깨는 것이 아니라 스스로 확대재생산 해나가고 있는 느낌이 들 때가 많다.

사실 정권을 두고 다투는 두 집단은 남북 관계를 본인들에게 유리한 방식으로 이용해 왔다. 보수 진영은 군사독재 시절 용공·종북몰이를 통해 자신들에게 반기를 드는 세력을 '빨갱이'로 낙인찍었다. 걸핏하면 갈등을 일으켜 선거를 유리하게 이끌려 했다. 진보 진영의 일부는 1980년대 들어 무너진 학생운동 세력을 재건하기 위해 반미자주나 김일성의 주체사상 같은 이론으로 무장했다[**]. 그들은 북한에 대해 일종의 낭만을 가지고 있는 것 같다. 여전히 한민족이 어떻고 겨레가 어떻고 하는 걸 보면 말이다. 하지만 북한은 본인들 이해관계에 맞추어 제 갈 길 가고 있는 나라일 뿐이다. 숱한 화해의 손짓에도 그들이 변한 것은 하나도 없다. 한민족이기 때문에 통일해야 한다는 건 낡은 민족주의에 불과하다. 만일 게르만족이나 앵글

[**] 김정훈·심나리·김항기, 『386 세대유감』, 웅진지식하우스, 2019.

로색슨족이 여러 국가로 나뉘어 있는데 같은 민족이라는 이유로 통일해야 한다고 주장하면? 많은 이들이 80년 전의 비극을 떠올릴 것 같다.

오늘날에도 북한 문제는 종종 정권이 불리한 정국을 뒤집기 위한 카드로 쓰이곤 한다. 이렇게 수십 년을 달려온 관성이 있기에 남북 관계에서 양극화를 극복하기란 좀처럼 쉽지 않다. 아마 정권에 따라, 대통령 개인의 성향에 따라 지금까지 해왔던 패턴을 반복할 가능성이 높다.

북한 상대로 외교를 하는 게 힘든 것은 공감된다. 하지만 절충점을 찾으려는 노력은 하지 않고 북한 이슈를 쟁점화해 국내 정치에 이용하는 우리 정치권을 보고 있으면 이런 생각이 든다. 도대체 북한 없으면 뭘로 정치 해먹나!

"배신의 정치는 국민들이 반드시 심판해줘야 한다."

2015년 6월 25일 청와대에서 열린 국무회의에서 박근혜 대통령은 초강수를 던졌다. 국회가 여야 합의로 마련한 국회법 개정안에 대해 거부권을 행사한 것이다. 앞서 언급했던 '국회법 파동'이다. 합의를 주도했던 유승민 새누리당 원내대표는 13일 만에 쫓겨나듯 사퇴했다. 친박 진영의 국회의원들은 그에게 십자포화를 퍼부었다. 그는 5년이 다 되어가는 지금까지도 '배신자 프레임'을 깨지 못하고 있다.

정부 시행령에 대한 국회의 견제 기능을 강화한 당시 국회법 개정안은 아버지에게서 정치를 배운 박근혜 전 대통령으로서는 용납하지 못할 것이었다. 그것도 야당의 성화에 못 이겨 처리한 게 아니라, 여당의 원내대표가 대대적으로 합의를 해줬으니 심기가 매우 불편했을 것이다.

유승민 의원이 원내대표에서 쫓겨난 이후 사실상 비박계의 견제는 사라졌다. 야당은 무력했다. 박 대통령은 본인이 추진하던 법안 대부분을 관철했고, 제20대 총선 공천에서도 비박계 현역 의원들을 쳐낸 뒤 친박계 후보자들을 곳곳에 심었다. 유승민에게 공천을 주지 않기 위해 별의별 짓을 다 하던 친박계 공천관리위원장에게 국민의 비판이 쏟아졌지만, 그도 대통령도 꿈쩍하지 않았다. 결국 유승민 의원은 탈당한 채 선거에 임해 당선되었다. 국민들은 "유승민 있는 180석보다 유승민 없는 120석이 더 낫다"라던 새누리당 친박계 의원들의 염원을 이뤄주었다.

여느 대통령이라면 2015년 당시 박근혜 대통령처럼 독주할 수 없다. 그랬다간 국민의 지지가 썰물처럼 빠져나가기 때문이다. 하지만 박근혜 대통령은 뭘 해도 40%에 가까운 굳건한 지지율을 유지했다. 심지어 세월호 사태가 한창이던 때에도 지지율은 30% 선을 유지했다. 사람들은 이를 콘크리트 지지층이라고 불렀다. 콘크리트는 최순실이 나오고 나서야 무너졌다. 그리고 3년이 넘은 지금까지도 미래통합당은 그 지지율을 회복하지 못하고 있다. 아마 당분간은 어려울 것이다.

이명박 대통령의 레임덕이 시작되면서 보수정당은 박근혜에 전적으로 의존했다. 아버지 박정희 전 대통령의 후광을 업은 선거의 여왕. 나올 때마다 다 진 판을 뒤엎는 최종 병기. 박근혜는 구세주였다. 그녀는 그 자산을 바탕으로 독주할 수 있었다. 보수정당의 비극은 여기에서 시작되었다.

보수정당이 지금처럼 지리멸렬했던 적은 별로 없다. 보수정당에는 언제나 유능한 인재가 넘쳐났고 국민에게 제시하는 확실한 메시지가 있었다. 그들은 여당일 때든 야당일 때든 언제나 정국을 주도했다. 김영삼 전 대통령이나 이회창 전 총리 같은 걸출한 리더들이 있을 때는 그랬다.

김영삼과 이회창에게는 뛰어난 인재라면 생각이 다르더라도 데려오는 그릇이 있었다. 그리고 그들이 반기를 들더라도 내치거나 하지 않았다. 당에는 언제나 주류와 비주류가 공존했다. '남원정(남경필·원희룡·정병국)'으로 대표되는 소장파들은 보수가 아닌 국민도 한나라당을 찍을 명분을 제공했다. 한나라당은 싫어도 저 사람들이면 뽑는다는 인식 말이다. 정당 내 다양성이 중요한 것은 이러한 이유에서다.

대체로 2000년 전후 정치를 시작한 한나라당 소장파들은 16년이 지난 2016년 박근혜 대통령 탄핵 정국에서도 소장파 역할을 했다. 정작 혈기왕성해야 할 초·재선 국회의원들은 찍소리도 내지 못했다. 박근혜 대통령이 말 잘 듣는 사람들에게만 공천을 줬기 때문이다. 총선에서 '박근혜 천하'를 두 번 거치며 보수정당의 면면은 친박 일색으로 개편되었다. 혹여 반기를 들기 위해서는 유승민처럼 '다구리' 맞을 각오를 해야 했다. 박 대통령의 독주로 보수정당의 인적 자산은 씨가 말랐다. 그들이 (결코 보편적인 보수 성향의 국민을 대변한다고 볼 수 없는) 태극기 부대에 휘둘리는 건, 현직 의원들의 태생적 배경에서 나오는 한계인 셈이다.

박근혜 전 대통령이 한국 정치사에서 주는 교훈은 뭘까? 안팎의 비판에 눈 감고 독주하는 권력은 반드시 망한다는 것, 자기 말 잘 듣는 사람으로만 구성한 당은 모래성처럼 언젠가 무너진다는 것, 그리고 무너진 뒤에는 다시 일어서기가 좀처럼 쉽지 않다는 것이다. 교훈을 잊는다면 역사는 반드시 반복된다.

'적당히'가 사라진 낡은 정치

일상을 외면한 이념 정당

"진보는 분열로 망하고 보수는 부패로 망한다"라는 말이 완전히 틀린 말은 아니다. 보수 진영은 웬만하면 쪼개지는 법이 별로 없다. 지금이야 비록 박근혜 대통령 탄핵 이후 우왕좌왕하고 있지만, 대체로 보수정당은 한 지붕 아래 모여 선거에 임했다. 이것은 그들이 보통 강력한 지도자 중심으로 뭉치고, 과거 이력에 연연하지 않는 경향이 있기 때문이다. 외연 확장을 위해 때때로 강성 노동운동을 폈던 인물이나 반독재·평화통일을 주창하던 인물을 영입하기도 했다.

그러면 반대의 경우도 성립할까? 예를 들어 신자유주의를 강하게 신봉하던 경제학자가 진보정당의 전면에 나서는 것이 가능할까? 그건 불가능하다. 그런 인물이 진보정당의 문을 두드리지도 않겠지만, 무엇보다 당원들이 크게 반발할 것이다. 이는 진보적 정당들이 보수적 정당들보다 이념적 순수성을 강조하고 있기 때문이다. 진보가 자주 분열하는 이유도 여기에 있다.

젊은 꼰대들은 의외로 진보정당에 많다. 다름을 인정하지 않고 무슨 주의니 하는 것들로 이론적 벽을 쌓는다. 이념적 순수성은 여기서 강조된다. 사상적으로 얼마나 균질적인 그룹을 형성하는가가 중요시되기 때문이다. 계파는 이 사상적 균질성을 함께 공유하는 집단이다. NL(민족 해방)이니 PD(민중 민주)니 하는, 일반인들은 관심조차 없는 개념들로 편 가르기를 했던 것은 그런 이유에서다. 그래서 진보계열 정당에서는 심지어 누구 선거캠프에서 일했는지가 흠이 되기도 한다. 설령 그게 같은 정당이더라도 말이다.

그들이 설정한 범주에서 벗어나면 비난의 화살을 면하기 어렵다. 요즘은 정치적 올바름을 추구한다는 PC(Political Correctness)에서 그런 모습들이 나타나곤 한다. tvN 드라마 〈나의 아저씨〉가 재미있다고 했다가 비난의 폭격을 맞고 사과문을 올렸던 연예인이나, 소개팅으로 고민하는 친구에게 "너 정도면 예쁜 얼굴"이라고 했다가 학생회로부터 사과문 대자보를 써 붙이라는 징계를 받은 대학생의 사례가 그렇다. 물론 그 올바름은 대상과 상황에 따라 다르게 적용되기도 한다. 어떤 연예부 기자는 Mnet 〈Produce 101〉 시즌1 당시, 아이돌 연습생들의 성 상품화를 비난하면서도 정작 남자 연습생들로 구성된 시즌2가 방영되자 "잘생긴 애 옆에 잘생긴 애"가 있다며 열광했다.

정치권에서 일을 시작한 지 햇수로 6년 차가 되면서 나름의 직업병이 생겼다. 친구들과 정치 이야기를 빼놓고는 별로 할 말이 없어진 것이다. 상대방이 동방신기나 축구를 좋아하기라도 하면 다행이지만, 그도 아닐 경우 종종 말문이 막히곤 한다. 그럴수록 나는 정치적 이야기를 삼가고 일상의 목소리에 귀 기울이려 노력한다. 청소년 강의를 나갈 때 그들과 눈높이를 맞추기 위해 〈리그 오브 레전드〉처럼 안 하던 게임을 해보기도 하고, 처음 들어보는 아이돌의 무대 영상을 찾아보기도 한다.

하지만 이념적 순수성을 강조하는 그룹은 이런 일상을 경시하는 경향이 있다. 심지어 "요즘 친구들은 정치에 너무 관심이 없다"라거나 "책도 안 읽고 무식해서 정치를 모른다"라며 서슴없이 말하는 사람도 많다. 나는 사람들(특히 청년들)이 정치에 관심이 없거나 참여하지 않는 것은 흠이 아니라고 생각한다. 정치권에 몸담은 사람들이야 그게 자기 일이니까 당연히 관심이 많은 것 아닌가. 자기가 일하는 분야에 관한 관심을 남에게 강요할 수는 없다. 예컨대 화학 회사에 다니는 지인이 만날 때마다 분자가 어떻고 새로운 화합물이 어떻고 하는 이야기를 늘어놓는다면? 그는 비자발적으로 아웃사이더가 될 것이다. 정치하는 사람들은 이게 자신의 이야기라는 걸 모른다.

물론 정치는 많은 사람의 삶에 영향을 끼치기 때문에 그들이 정치에 관심을 가지도록 노력해야 한다. 내 가치를 상대방에게 납득시키는 일도 필요하다. 하지만 이것은 일반 시민이 아닌 업계 관계자들의 책임이다. 일상을 존중하지 않고 무슨 주의니 하는 것들로 이념적 벽을 쌓는다면 앞으로도 국민은 정치를 외면할 것이다. 그래서 정치는 거대한 담론도 좋지만, 무엇보다 평범한 사람들의 일상을 기반으로 존재해야 한다.

작년 추석 때 한 진보정당의 홍보 현수막이 내 눈길을 끌었다. "이번 추석엔 입시, 취업, 결혼 대신 기후변화를 이야기해요!" 친척 어른들이 기후변화나 대북제재의 필요성 같은 고담준론을 늘어놓는다면 더 피곤하지 않을까. 생각만 해도 현기증이 날 것 같다.

'적당히'가 사라진 낡은 정치

반대를 위한
반대

고등학교 2학년이던 2005년, 나는 대한민국청소년의회라는 곳의 의장으로 정치에 참여하고 있었다. 시민사회가 주도하고 정부 부처들이 후원하여 운영된 청소년의회는 청소년 정책에 당사자들의 의견을 반영하기 위해 만들어진 모의국회다. 임기 2년의 청소년의원들은 매년 서너 번 정도 본회의를 열고 청소년 정책을 논의했다. 안건이 본회의를 통과하면 청소년의회 이름으로 국회에 입법청원 했다. 이후 성격이 다소 달라지긴 했지만, 현재 숱하게 있는 청소년의회의 시초였다는 점에서 나는 나름의 자부심을 느낀다.

청소년의회는 매년 여름마다 국회 헌정기념관에서 일주일간 정기회의를 열었다. 일정 중에는 정당 방문도 있었다. 2005년에는 당시 여당인 열린우리당과 제1야당인 한나라당 당사를 방문했다. 나는 개인적인 호감도 있었던 탓에 열린우리당 방문에 기대가 컸다. 내게는 대한민국을 이끄는 여당이 어떤 모습으로 돌아가고 있는지 직접 확인할 수 있는 절호의 기회였다. 질문을 받을지도 모르겠다는 생각에 나름 공부를 해가기도 했다. 하지만 결과는 실망스러웠다. 당직자가 우리를 대회의실에 모아놓곤 발표자료 한 번 읽는 선에서 끝났기 때문이다. 그마저도 당에서 직접 만든 게 아니라 이미 숱하게 본 청소년보호위원회의 자료였다. 나는 들어가 봤다는 데 의의를 두는 수밖에 없었다.

하지만 한나라당 방문은 전혀 달랐다. 박근혜 당 대표가 직접 나와서 청소년들을 맞이했다. 교육위원회 소속 국회의원이 행사 진행을 맡았는데, 훗날 교육부 장관이 된 그는 이후에도 우리가 귀찮을 정도로 청소년 정책에 대한 자문을 구했다. 행사가 끝나자 청소년들 수에 맞춰 준비한 쿠키 상자를 건네주기도 했다. 청소년의회 정기회의 폐회식 날에는 또 다른 국회의원이 축사한 뒤 식이 끝날 때까지 자리를 비우지 않았다. 청소년들이 어느 정당에 더 호감을 느낄지는 굳이 말하지 않아도 뻔했다.

나와 의견은 다소 달랐지만, 한나라당은 여러모로 유능한 정당이었다. 이기는 법을 알았고 사람들의 마음을 사로잡는 법을 알고 있었다. 그래서 2006년 지방선거 이후 한동안 웬만한 선거는 다 싹쓸이했다. 사람들은 그게 '선거의 여왕' 박근혜 덕분이라고 하는데, 나는 박근혜를 선거의 여왕으로 만든 정당의 역량이 더 컸다고 생각한다. 그걸 반증하는 게 박근혜 대통령 탄핵이다.

똑같은 박근혜인데 한나라당 대표 시절에는 유능했고, 대통령이 된 이후에는 무능했다. 거기에 비선 실세에 의한 국정농단이 벌어지기도 했다. 진보 진영에선 똑같은 박근혜라고 생각하겠지만, 당 대표 시절과 대통령 시절의 퍼포먼스에는 분명 큰 차이가 있다. 그 결정적인 원인은 정당과 청와대가 각기 지닌 특수성에서 나온다.

정당은 시스템에 의해 돌아간다. 당 대표의 권한이 강하긴 해도 전권을 휘두를 수는 없다. 원내대표, 최고위원 등 투표로 선출된 지도부가 있고 당내 다른 계파 국회의원들도 얼마든지 존재하기 때문이다. 곳곳에 감시의 눈초리가 있는 상황에서 대표 혼자서 결정하고 추진할 수 있는 것은 많지 않다. 사무처 직원들을 함부로 자른다든지 자기 사람을 대거 심는다든지 하는 건 꿈도 꿀 수 없다. 사적 인연이 비집고 들어올 틈이 없는 건 물론이다.

청와대는 정반대다. 권력과 권한이 대통령 개인에게 집중된다. 모든 일은 대통령이 '말하는 대로' 이루어진다. 청와대 안에서 대통령을 견제할 수 있는 세력은 없다. 대통령이 하는 일에 반기를 드는 것은 어지간해선 불가능하다. 얼마든지 자기 사람을 심을 수 있고 정책도 마음대로 추진할 수 있다. 그 안에서 일어나는 사건들이 밖으로 노출되지도 않는다. 드라마를 보느라 출근을 하지 않아도 국민은 알 수 없다. 그래서 문고리를 쥔 비선들이 장난을 칠 수 있었다. 나는 2005년 박근혜와 2016년 박근혜의 차이가 여기에 있다고 확신한다.

미국의 역사학자 슐레징거(Arthur M. Schlesinger Jr.)는 1973년 발표한 저서 『제국의 대통령직(The Imperial Presiden-cy)』에서 닉슨 대통령을 비판하며 '제왕적 대통령'이라는 표현을 처음 사용했다. 그의 말은 과장이 아니다. 대공황 이후 미국 대통령들은 막강한 권력을 갖고 있었는데 때때로 입법부·행정부를 압도할 정도였다. 특히 베트남전쟁을 수행하는 과정에서는 미 의회가 스스로 자신들의 권한을 대통령에게 헌납하기도 했다*. 힘의 균형은 닉슨이 워터게이트 사건으로 불명예 퇴진하면서 제자리를 되찾았다.

우리는 이라크전쟁을 강행한 조지 W. 부시나 멕시코 인접 국경에 벽을 세우는 도널드 트럼프를 보며 미국 대통령의 권한이 어마어마하다고 여긴다. 하지만 꼭 그렇지만도 않다. 미

---

* 이동수, 『어른이 정치사』, 메이드인, 2020.

반대를 위한 반대

국이 초강대국이기 때문에 대통령의 힘이 세 보일 뿐, 자국 내에서의 권한이 절대적이라고 할 만큼 강하지는 않다. 행정, 입법, 사법 간의 엄격한 삼권 분립과 상호 견제 때문이다. 미국 대통령은 행정부의 수반으로서 법안이나 예산안을 제출할 수 없고, 헌법에 연방정부의 권한으로 명시되지 않았다면 주 정부가 하는 일에 이래라저래라 참견할 수도 없다*. 그래서 많은 정치학자가 미국의 정치 제도를 '대통령중심제'가 아닌 '대통령제'라고 명명한다.

반면 우리나라 대통령에게는 '대통령중심제'를 채택하고 있는 나라답게 엄청난 권한이 부여된다. 대통령은 국방이나 외교, 경제는 물론 입법과 사법에도 영향력을 행사한다. 미국 대통령도 갖지 못한 법률안제출권과 예산안편성권이 있다. 지방 곳곳에 입김을 넣을 수도 있다. 오죽하면 시골 공단에 세워진 전봇대가 트럭 통행에 방해된다며 뽑으라고 할 정도이겠나**. 우리나라 대통령들이 레임덕이 시작되기 전까진 본인이 슈퍼맨이라 자부하며 만기친람식의, 그러니까 온갖 세상사를 일일이 다 챙기려 하는 것도 무리는 아니다.

---

* 강원택, 『어떻게 바꿀 것인가』, 이와우, 2016.

** 연합뉴스, "영암 대불산단 '규제 전봇대' 사라진다", 2009.06.19.

'적당히'가 사라진 낡은 정치

'제왕적 대통령'의 문제가 여기에 있다. 한 사람에게 전지전능에 가까울 정도로 많은 권한이 부여되니 시시콜콜한 일까지 간섭하게 되고, 국민 역시 그걸 기대하게 된다. 경제가 안 좋아도 북한이 핵실험을 해도, 심지어 비가 안 와도 "이게 다 대통령 때문"이라는 말이 나온다. 대통령은 한국 정치 시스템의 일원이 아닌, 전지전능한 슈퍼히어로로서 평가를 받는다. 그래서 임기 내에 국정 철학을 가시화하기 위해 많은 의제를 혼자서 강행한다. 야당의 반대를 무릅쓰고서라도 말이다. 때로는 일순간에 모든 걸 갈아엎기도 한다. 선거의 '판돈'은 자연스럽게 오른다. 가진 쪽은 빼앗기지 않기 위해, 빼앗긴 쪽은 다시 가져오기 위해. 이런 이유로 정치는 공론장이 아닌 진흙탕이 된다.

우리나라는 대통령 한 명이 '하드 캐리'를 어떻게 하느냐에 따라 급변했다. 시스템보다는 개인의 캐릭터가 대한민국의 행보에 더 큰 영향을 끼쳤다. 그 행보가 어떠했는지는 대통령 자신도, 국민도 전부 안다. 많은 정치인이 자기는 아니라며 청사진을 내걸었지만 성공하지 못했다. 앞으로도 성공한 대통령은 나오지 못할 것이다. 사람이 못나서가 아니라 제도가 그렇다. 모두에게 불행한 일이다.

반대를 위한 반대

만개의 낙하산

선거기간 캠프사무실에 있다 보면 별의별 '사짜들'을 다 볼 수 있다. 그들은 "당원명부를 가지고 있다"든지, "선거에서 이기는 법을 안다"라며 후보자들에게 접근한다. 이도 아니면 사무실로 찾아와 온종일 앉아있으면서 직원들이 하는 일에 사사건건 참견한다. 대개는 후보가 당선되면 떡고물이 떨어지지 않을까 기대한다. 그런 사람들이 선거 때 제 역할을 할 리 없다. 나는 믿을 수 없는 사람의 도움은 처음부터 받으면 안 된다고 생각한다. 하지만 한 표가 아쉬운 후보들 입장에서는 그 유혹을 떨치기 어렵다. 괜히 손 한번 잘못 벌렸다가 사달 나는 것은 이 때문이다.

선거는 각 정당·후보자 간 가치의 경쟁이기도 하지만 동시에 이해관계의 장이기도 하다. 당선될 경우 엄청난 권한이 주어지기 때문이다. 대통령 선거나 서울시장 선거처럼 규모가 큰 선거들은 당선 후 먹을 것도 많다. 그래서 선거기간 어마어마하게 많은 이익집단이 가세한다. 노동조합이나 시민 단체도 그들 중 하나다.

선거가 끝나면 각 캠프에서는 제2라운드가 펼쳐진다. 인사 임명을 둘러싼 갈등과 경쟁이다. 캠프 스태프들에게는 그때부터가 진짜 선거다. 기껏 선거 때 같이 고생하고서 이때 원수가 되기도 한다. 아마 당선자들 입장에선 매우 난처할 것 같다. 캠프 때 고생해준 건 고마운데 본인이 꽂아줄 수 있는 자리는 한정되어 있으니, 딜레마는 더 커질 것이다. 이것은 동서고금을 막론한 문제였다.

1881년 7월 2일 미국 제20대 대통령 제임스 가필드가 볼티모어역 대합실에서 총에 맞아 숨졌다. 범인은 찰스 귀토라는 프랑스계 미국인. 택시를 타고 가다가 붙잡힌 찰스 귀토는 가필드의 당선을 위해 노력했건만 그가 파리대사관 영사 자리를 주지 않아서 대통령을 암살했다고 재판 과정에서 밝혔다. 가필드 대통령은 당시 성행하던 미국의 엽관제 관행을 뿌리 뽑기 위해 공무원 사회에 실적주의를 도입하려던 참이었다. 그의 암살을 계기로 미국에서는 펜틀턴법이라는 공무원임용법이 제정되었다*.

---

* 청년정치크루, 「청년정치」, 바른북스, 2017.

선거를 통해 권력을 쥔 세력이 인사를 독점하는 관행을 엽관제라고 한다. 동물을 수렵하듯 관직을 사냥한다는 뜻에서 유래되었다. 그래서 선거 때 눈도장만 잘 찍으면 경력이나 전문성이 없어도 높은 자리로 올라갈 수 있다. 가방 팔던 사업가가 적십자 총재가 되기도 하고, 팬 카페를 운영해줬다는 이유로 공기업 이사가 되기도 한다. 참여정부 시절 대통령이 자기와 코드가 맞는 사람들만 임명한다고 코드인사가 문제가 된 적이 있는데, 나는 코드가 문제가 아니라 관직과 연관성이 전혀 없는 사람이 자리를 꿰차는 게 더 문제라고 생각한다.

뜬금없는 사람이 관직에 오르는 건 그만큼 인사권에 제한이 없다는 방증이기도 하다. 우리나라 대통령이 직접 임면하는 자리는 약 7천여 개로 알려져 있다. 국가공무원법·정부조직법 등 여러 법률이 대통령의 이런 권한을 보장한다. 이를 바탕으로 대통령은 청와대뿐만 아니라 정부 각 부처, 헌법기관, 경찰이나 검찰의 고위직을 비롯한 특정직 공무원 인사에 절대적인 권한을 행사한다*. 공공기관도 마찬가지다. 기획재정부가 2019년 발표한 공공기관 지정 현황에 따르면 우리나라에는 공기업 36개, 준정부기관 93개, 기타 공공기관 210개 등 339

---

* 청년정치크루, 「청년정치」, 바른북스, 2017.

개의 공공기관이 있다. 기관장을 비롯해 이사, 감사 등을 합치면 2000개가 넘는 자리가 있다**. 여기에도 자기 사람을 얼마든지 심을 수 있다. 하청 업체 등 파생되는 곳까지 다 합치면 낙하산으로 보낼 수 있는 자리는 1만 개가 족히 넘을 것이다.

선거만 이기면 이 모든 것을 싹 쓸어간다. 진영 간 대립이 안 생길 수가 없다. 0.1% 표차로 상대를 이겨도 100%의 자리를 가져가는데 가만히 있을 사람은 별로 없다. 인사 임명에는 최소한의 자격조차 요구되지 않는 경우가 많다. 그냥 꽂으면 꽂힌다. 그래서 낙하산을 기대하는 많은 사람은 역량을 키우기보다는 권력자에게 충성심을 보이기 위해 별의별 짓을 다 한다. 상대방을 떨어뜨리기 위해 출처가 불분명한 문건을 폭로하기도 한다. 대통령 선거 같은 경우는 설령 그게 근거 없는 내용이라고 할지라도 당선되면 책임을 묻기 어려운 경우가 많다. 일단 되고 보자는 식으로 진흙탕 싸움을 벌이는 건 이 때문이다.

권력이란 무엇일까? 나는 나랏돈으로 자기 사람들한테 월급 줄 수 있는 게 가장 큰 권력이라고 생각한다. 우리는 그동안 이 권력을 감시하는데 너무 소홀했다. 보통 정치인들 월급

** 중앙일보, "대통령이 뽑는 자리 2000개…전화 기다리는 캠프 공신들", 2017.07.18.

이 얼마네 하고 비판을 하는데, 나는 엽관제가 가져오는 폐해에 비하면 새 발의 피라고 본다. 정치인이 손발 맞는 사람들과 함께 일하는 걸 뭐라 할 수는 없다. 하지만 단지 눈도장 잘 찍었다는 이유만으로 능력 여하와 관계없이 전리품 챙기듯 관직을 꿰차게 해서는 안 된다. 그런 사람들의 유입이 많아질수록 한국 정치는 속된 말로 아사리판이 된다.

제일 좋은 건 이긴 쪽이 인사를 독점하지 않고 상호 합의하여 능력 있는 사람을 자리에 앉히는 것이다. 하지만 이건 불가능한 일이다. 미쳤다고 자기들이 쥔 가장 큰 권한을 반대파에 나눠주겠나. 정치인들이 스스로 도움받을 사람, 거절할 사람 가려서 캠프를 꾸릴 것이라는 기대도 버려야 한다. 한 표가 아쉬운 그들로서는 불가능한 일이다. 그렇다면 적어도 말 잘 들었다는 이유만으로 아무나 데려올 수 없게 해야 한다. 인사 제도를 투명하게 바꾸고, 감시의 눈도 게을리해선 안 된다. 일단 이기고 보자는 식으로 아무나 데려와 진흙탕 싸움을 만드는 정치인이 후회하게 해야 한다. 여러모로 국민이 할 게 많은 정치판이다.

연동형 비례제는 답이 아니다

2019년 12월 27일 연동형 비례대표제와 선거연령 인하 등을 포함한 공직선거법 개정안이 국회 본회의를 통과했다. 이로써 소수정당들은 정당 지지율 만큼 나오지 않던 지역구 의석을 비례대표를 통해 어느 정도 보상받을 수 있게 되었다. 소선거구제를 채택하고 있는 우리나라에서는 지역마다 최다득점자 한 명만을 선출하기 때문에 지지율이 낮은 소수정당이 비집고 들어올 틈이 없었던 것이 사실이다. 그래서 정당 지지율과 의석 간 발생하는 격차를 보정해야 한다는 목소리가 계속 제기되어 왔다.

비례대표 제도는 소수정당의 국회 진출을 용이하게 하고, 다방면의 인재들이 국회에 들어와 자기 분야의 전문성을 바탕으로 정책 활동을 펴도록 돕는다. 우리나라에 이 제도를 처음 도입한 인물은 박정희 전 대통령이다. 5·16 군사정변으로 권력을 잡은 '주체 세력'은 민정 이양을 약속했기 때문에 더는 권력을 이어나갈 명분이 없었다. 그들은 1963년 11월 26일에 있을 제6대 국회의원 총선거를 앞두고 민주공화당을 창당했다. 그리고 전국구라는 것을 도입했다. 바로 비례대표다. 이때는 오늘날과 달리 지역구 득표에 비례해 전국구(비례대표) 의석이 할당되었다. 다양한 분야의 전문가를 뽑는다는 명분이었지만 사실은 이북 출신 등 지역구에서는 당선이 어려운 측근들을 배려하기 위해 시행된 것으로 알려져 있다*.

2004년 제17대 총선을 앞두고 선거법은 크게 바뀌었다. 오세훈법의 도입도 있었지만, 무엇보다 정당명부식 비례대표제가 시행되었기 때문이다. 이전까지는 유권자가 지역구 후보에게 투표하면 그가 소속된 정당의 전국 득표에 따라 비례대표를 배분했다. 그래서 우리 동네 후보자와 지지 정당이 다르거나, 무소속 후보에게 투표하는 경우 민의가 왜곡된다는 맹점이 있었다. 정당명부식 비례대표제는 이를 보완하기 위해 도입되었다. 유권자에게는 2개의 투표용지가 주어졌다. 지역구 투표와 정당 투표를 위한 것이다. 진보정당을 지지하더라도 우리 동네 후보자는 보수정당의 사람이 마음에 든다면 비례대표와 지역구 의원을 따로따로 투표할 수 있게 된 것이다. 비례

---

* 뉴시스, "국회의원 비례대표제 언제 도입됐나", 2011.11.19.

'적당히'가 사라진 낡은 정치

대표 제도는 이처럼 소선거구제로 인해 발생하는 사표를 보완하는 쪽으로 개선되어 왔다. 앞서 언급한 연동형 비례대표제역시 마찬가지다.

연동형 비례대표제가 통과되면서 소수정당들은 한껏 기대감에 부풀었다. 그것은 내 주변 청년정치인들도 마찬가지였다. 그도 그럴 것이 많은 청년단체, 정치인들이 2018년부터 연동형 비례대표제 도입을 입이 닳도록 주장했기 때문이다. 연동형 비례대표제의 도입으로 한국 정치가 바뀌고 청년정치의 새지평이 열리는 것처럼 말하는 사람도 있다. 하지만 나는 그렇게 생각하지 않는다.

물론 연동형 비례대표제는 그동안 발생해 온 사표를 보완한다는 측면에서 큰 의미가 있다. 필요한 제도임은 틀림없다. 하지만 정치 개혁, 청년정치와는 별개다. 연동형 비례대표제를 통한 청년정치의 확대는 농경사회의 꿈같은 소리다.

정치의 기득권은 비례대표가 아닌 지역구에서 나온다. 국회의원들 사이에서 비례대표는 정책 전문가일 수는 있을지언정 정치인으로 대접받지는 못한다. 지역 기반이 없어서 독자적세력을 구축하고 개혁의 목소리를 내기가 어렵다. 그래서 지역구 기득권을 깨지 않고는 정치 개혁을 도모할 수 없는 것이다. 정치권은 연동형 비례대표제를 도입하며 마치 통 큰 결단을 한 것처럼 이야기하는데 결과는 예상보다 실망스러울 가능성이 높다. 제아무리 연동형 비례대표제가 도입된다 한들, 당별로 예닐곱 석의 비례대표 의석 변화만 있을 뿐 근본적인 정치적 변화는 없다는 뜻이다.

청년, 신인들이 지역구에 도전하고 이를 깰 수 있는 제도적 토양을 마련하는 것이 중요한 이유가 여기에 있다. 하지만 국회의원 대부분이 지역구 출신이고, 비례대표 의원들 역시 재선은 지역구로 도전하기 때문에 이를 손대려는 사람은 없다. 이번 선거법 개정에서도 그 증거를 확인할 수 있다. 연동형 비례대표제를 도입하며 전체 300석의 의석 중 75석을 비례대표로 할당한다는 당초 안은 50석으로 줄어들더니 결국 이전과 같은 47석으로 유지되었다. 아마 당분간도 지역구 기득권을 깨기 위한 제도적 변화의 움직임은 좀처럼 보기 어려울 것이다. 우리가 목소리를 내지 않으면 더더욱 그렇다.

연동형 비례대표제는 찬성한다. 확대해야 한다는 데도 동의한다. 하지만 이 제도를 통해 청년들이 국회에 엄청나게 진출할 것처럼 여기는 헛된 기대감에는 반대한다. 사실 당에서 청년들에게 준다는 보장도 없는데 김칫국부터 마시는 느낌도 든다. 무엇보다 지역구 기득권을 유지한 채 의석 조금 떼 주는 청년 비례대표는 당 말 잘 듣는 어용나팔수들만 양산할 뿐이다. 연동형 비례대표제 도입으로 퉁칠 게 아니라, 제대로 된 정치 개혁을 다시 고민해야 할 때다.

상향식 공천이라는 함정

중학교 2학년이던 2002년, 나는 동네의 큰 종합학원을 하나 다녔다. 학원은 학생 수가 제법 있었던지라 통원버스를 몇 대 운영하고 있었는데 나 역시도 그 버스를 탔다. 버스 가운데 천장에는 작은 텔레비전이 달려 있었다. 기사님은 언제나 뉴스를 틀어놓으셨다. 나는 자연스럽게 뉴스를 접했다. 때로는 정치 행사를 실시간으로 시청하기도 했다. 어디서 주워들은 건 있어서 전당대회라고 생각했는데 알고 보니 2002년 대통령 선거를 앞두고 새천년민주당에서 실시한 국민참여경선이었다.

처음에는 몇 날 며칠이고 하는 국민참여경선이 정말 지루했다. 그 전 대통령 선거에 나왔던 이인제 후보 말고는 딱히 아는 사람이 없었다. 나는 매번 시큰둥한 표정으로 학원버스 안 텔레비전을 시청했다. 스마트폰은커녕 컬러 액정 휴대폰도 드물던 시절, 그것 말고는 할 일이 없었다. 하지만 경선은 보면

'적당히'가 사라진 낡은 정치

볼수록 흥미가 생겼다. 매번 순위가 뒤바뀌었기 때문이다. 정치인은 뻔하디뻔한 소리만 늘어놓는 줄 알았는데, 그렇지 않은 사람이 있었던 이유도 있다. 바로 노무현이었다.

중딩 눈에도 돋보였던 노무현 후보는 이내 수많은 국민의 마음을 사로잡았다. 고졸 출신의 인권변호사, 지역주의를 깨기 위해 몇 번이고 부산에 도전했다가 깨진 정치인, 당내 비주류였지만 국민의 성원에 힘입어 결국 선출된 여당 후보. 그는 사람들이 열광할 만한 많은 요소를 가지고 있었다. 이인제나 한화갑같이 당 주류 후보를 밀었던 정치인들은 후보 사퇴니, 정몽준과의 단일화니 하며 반발했지만, 난 그런 사건들이 결과적으로 노무현이라는 정치인이 갖는 드라마틱한 요소를 더 했다고 생각한다.

헌정사상 처음으로 대통령 후보 선출에서 국민참여경선을 도입한 새천년민주당은 말 그대로 대박을 터뜨렸다*. 이 경선이 없었다면 여당의 재집권도, 노무현의 당선도 없었다. 첫 사례가 워낙 흥행을 불러왔기 때문에 이후 국민참여경선이라든가 상향식 공천 같은 요소들은 선거의 기본이 되었다.

정당의 공직 후보 선출 과정에서 당원뿐 아니라 일반 국민도

---

* 연합뉴스TV, "우여곡절 겪은 '오픈 프라이머리' 명암", 2014.01.16.

직접 참여하는 방식은 미국에서 유래했다. 사람들은 이를 오픈 프라이머리(open primary)라 불렀다. 당원이 아닌 사람도 '내 손으로' 후보자를 선출하는 경선, 풀뿌리부터 시작되는 상향식 공천. 얼마나 가슴 설레고 민주적인 개념인가! 하지만 현실이 꼭 그런 것만은 아니다. 만일 모든 국민이 정치에 풍부한 식견과 관심을 지니고 있고, 이를 뒷받침할 물리적 여유가 된다면 그럴 수도 있다. 그런 환경이라면 개개인은 정당에 적극적으로 참여하고 생활 곳곳에서 정치적 토론을 벌일 것이다. 이것은 유토피아다. 먹고 살기에도 바쁜 일반인들에게 (정당이 가동되는) 평일 낮 시간 정치에 참여할 여유는 좀처럼 주어지지 않는다.

대통령 선거처럼 온 국민의 이목이 쏠리는 선거라면 그래도 괜찮다. 나는 오픈 프라이머리가 대선에서는 분명 긍정적인 역할을 한다고 생각한다. 뉴스도 많이 나오고, 후보자도 한정되어 있기 때문에 누구나 관심을 두고 경선에 참여할 수 있다. 하지만 단위가 낮은 선거, 예컨대 광역의원(시·도의원)이나 기초의원(구의원 등) 선거처럼 국민의 관심이 많지 않은 선거라면 이야기가 달라진다. 쥐도 새도 모르게 끝날 때가 많다.

많은 국민이 우리 동네 시의원·구의원이 누군지도 모른 채 살아간다. 이것은 당연한 일이다. 시의원, 구의원들 줄줄이 꿸 정도로 여유롭게 사는 사람은 많지 않다. 정치·사회와 연관이 있거나 지역에 지대한 관심이 있는 사람들이 주로 지방의 원들과 연을 맺는다. 그들은 이미 많은 권리당원과 조직을 확보하고 있고, 여차하면 경선에 그 조직을 동원한다. 상황이 이런데 일반 국민은 경선이 있는지도 모르게 지나가 버리니 그들을 이기기 어려운 건 당연한 일 아닐까? 선거의 단위가 낮아질수록 갖고 있는 조직의 힘은 더욱 커진다. 대중적인 인지도가 있어도 지역 내 조직을 많이 거느린 사람을 이기기는 쉽지 않다. 그래서 많은 신인이 기존 조직에 순응하는 길을 택한다.

선거를 몇 개월 앞두고 각 당의 시·도당은 일손이 부족해진다. 입당 원서가 쏟아지기 때문이다. 정당은 당비를 내지 않는 일반당원과 당비를 내고 당내 선거에서 투표권을 행사하는 권리당원으로 나뉘는데, 이때 쏟아지는 입당 원서는 권리당원인 경우가 대부분이다. 경선을 치르기 위해서다. 그들은 최소 당비를 최소 기간 내고 투표권을 획득한다. 그리고 그 권리를 행사한 뒤에는 탈당 원서를 제출하고 썰물처럼 빠져나간다. 당마다 시기마다 차이가 있기는 하지만 최소 당비는 1~2천 원, 최소 기간은 3~6개월이다. 이들이 출마자들에 의해 동원된 당원임은 말할 것도 없다. 국회의원 선거 정도 되면 그래도 경선에 관심을 두고 참여하는 일반 국민이 있지만, 지방의원 선거는 그렇지 않다. 결국 동네에서 '천 원짜리 권리당원'을 많이 끌어올 수 있는 사람들의 리그가 된다.

정치가 점점 고인 물의 장이 되는 이유가 여기에 있다. 정치적 양극화가 심해지는 원인이기도 하다. 과거에는 김영삼, 김대중 등 걸출한 리더들이 제왕적 지위에서 전권을 행사했다. 그들은 당 대표도 아닌 당 총재로 불렸다. 비민주적 정당 구조인 것은 틀림없다. 하지만 그렇기에 개혁과 대대적인 물갈이가 가능하기도 했다. 전권을 쥔 리더들이 위험을 감수하고 개혁적인 인재들을 영입했기 때문이다. 김영삼 전 대통령은 민중당 출신의 재야 운동권을 영입했고, 김대중 전 대통령 역시 2000년 총선 전후로 30대 신진 세력을 대거 전면에 내세웠다. 이제는 이런 모습을 보기 어렵다. 한번 선거에 나가려면 지역 내 조직과 얼마 안 되는 권리당원들의 눈치를 엄청나게 봐야 한다. 개혁을 이야기하는 것보다는 진영을 대변하는 것이 훨씬 쉬운 선거 전략이 되었다.

국민참여경선, 상향식 공천은 분명 좋은 명분을 가지고 있다. 하지만 용어가 지닌 의미가 내실을 담보하지는 않는다. 그렇다고 과거처럼 권위주의 정당 체제로 돌아가자고 할 수는 없으니, 우리는 여러 대안을 고민해 봐야 한다. 한 가지 확실한 건 지금과 같은 경선 시스템을 지방선거에 적용하는 건 아니라는 것이다.

구의원 다 없애면 안될까?

"국회의원은 다 도둑놈"이라고 생각하는 분들이 많다. 하지만 그렇지 않다. 국회의원만큼 부지런해야 하는 직업도 드물다. 새벽부터 밤까지 일정이 끊이지 않는다. 비록 국민의 눈높이에 맞추지 못하는 것은 사실이지만, 많은 국회의원과 보좌진이 입법·감사·예산 등 본연의 업무에 충실하기 위해 최선을 다한다. 형편없는 사람이 국민의 생각만큼 많지는 않다.

"뒷돈을 많이 받는다"라는 것도 옛말이다. 국회의원은 매년 예금과 부동산, 주식 등의 재산을 낱낱이 공개해야 한다. 변동 사항이 드러나기 때문에 전년도와 비교해 큰 폭의 변화가 있다면 언론의 집중포화를 맞는다. 국회의원이라고 해봐야 고작 300명밖에 안 되니 감시와 견제가 집중되는 것이다.

하지만 기초의원으로 내려가면 이야기가 달라진다. 숫자도 많고 국민의 관심도 덜 하다 보니 여야를 막론하고 수준 낮은

반대를 위한 반대

사람이 많이 들어온다. 김포시의회 의장을 했던 한 기초의원은 아내를 골프채로 폭행, 살해한 혐의로 중형을 선고받았다. 상습 음주운전 전과자가 구의회 의장이 되기도 한다. 해외 연수랍시고 미국으로 놀러 갔다가 가이드를 폭행해 물의를 빚은 예천군의회 역시 기초의회다. 가해자는 제명되었다. 그런데 제명 처분에 반성하기는커녕 그걸 또 취소해달라고 소송을 걸었다가 대구지법으로부터 기각 판결을 받았다. 이 외에도 기초의원들의 자질 논란은 끊이지 않는다. 나는 그런 뉴스를 접할 때마다 일반 시민으로서 최소한의 자질조차 갖추지 못한 사람들이 무슨 정치를 하나 싶어 화가 난다. 물론 그들의 월급은 피 같은 우리 세금으로 주는 것이다.

시·구·군의회를 기초의회라고 일컫는다. 우리 일상과 밀접한 영역을 관장한다. 구청이 무슨 일을 하나 들여다보고 지역 민원을 수렴하는 창구 역할도 한다. 수가 많고 진입장벽이 국회의원만큼 높지는 않기 때문에 청년정치인들의 등용문 역할을 하기도 한다. 하지만 이런 기초의원은 많지 않다.

기초의원이 하는 일이 뭘까? 명목상으론 기초지방자치단체의 조례를 제·개정하고 구정을 감시한다. 그러나 이건 그들이 하는 일 중 그렇게 큰 비중을 차지하지 않는다. 조례는 다른 기초의회에서 만든 걸 그대로 베껴오기도 한다. 나는 청소년 강연을 하며 종종 그 지역 청소년 관련 조례들을 찾아보곤 하는데 토씨 하나 바꾸지 않고 가져오는 경우도 제법 있다. 한 군데서 조례상 허점이 발견되면 다른 동네의 조례에서도 줄줄이 그 허점들이 발견된다. 이런 조례들은 '자치법규정보시스템'이라는 사이트에 들어가면 확인할 수 있다.

기초의원들의 주 업무는 지역 조직 관리다. 표 관리를 위해 지역 행사나 모임을 부지런히 돌아다닌다. 지역위원장(또는 당협위원장)들을 위해서다. 참고로 정당은 선거구마다 그곳을 책임지는 위원장을 두는데 더불어민주당은 지역위원장, 자유한국당은 당협위원장이라 부른다. 이들은 지역에 관한 한 당내에서 짱이다. 광역의원·기초의원에 대한 공천권을 행사하기 때문이다. 그래서 지방의원들은 그들에게 얼마나 잘 보이느냐가 다음 선거 공천 여부를 가른다. 심지어 대통령 선거 경선이나 당 대표 선거같이 큰 선거가 있기라도 하면, 선거 날 관광버스를 섭외해 대대적으로 당원들을 동원한다. 그들은 위원장들에게 눈도장을 찍고, 해당 위원장들은 당 지도부에 눈도장을 찍는다. 당내 선거는 정책과 비전의 싸움이기 전에 세 대결의 장이 된다.

과거에 지구당이란 게 있었다. 정당의 지역별 사무소 같은 느낌인데 2004년 이른바 오세훈법이 제정되면서 폐지되었다.

'돈 먹는 하마' 역할을 한다는 것이 그 이유였다. 실제로 지구당을 통해 지역의 검은돈이 정당으로 흘러들기도 했다.

하지만 역할은 필요한데 실체가 사라지니 편법이 그 자리를 채웠다. 국회의원들의 지역사무실이 그 역할을 대체한 것이다. 의원이 아닌 사람의 경우 무슨 포럼, 무슨 단체 같은 것을 만들어 사실상 지구당 역할을 하고 있다. 물론 여기에 드는 경비는 자기가 내야 한다. 정치가 돈이 많이 든다는 인식은 여기서부터 시작된다.

지구당 폐지는 결과적으로 지역 내에서 정당이 행사하는 권력을 해체했다. 하지만 그 권력이 모두에게 골고루 분배되지는 않았다. 힘 있는 소수, 예를 들어 국회의원이나 위원장들에게 집중되었다. 기초의원들이 살아남으려면 충성하고 행동대장의 역할을 보여주는 수밖에 없게 되었다. 의정 활동보다 모시고 있는 국회의원을 홍보하는 일에 열을 올리는 것은 이런 이유에서다. 국회의원들이 자기 돈 주고 고용해야 할 비서를 동네 의원 딱지 붙여준 뒤 국민 세금으로 고용하는 꼴이다.

사람들은 풀뿌리 민주주의라고 하면 지역 내의 다양한 토론과 민주적 의사결정을 떠올리지만, 현실은 정반대다. 찍소리도 못한다. 윗사람에게 반기를 들었다간 자칫 자리가 날아갈 수 있기 때문이다. 하지만 국회의원 잘 모셨다고 공천받는 기초

'적당히'가 사라진 낡은 정치

의원이면 없애는 게 낫다. 아니면 정당 사무처가 인사시스템을 구축하고 지방의원 공천에 적극적으로 개입해야 한다. 수준 이하의 사람이 의원 배지를 달 수 없도록 말이다.

천안함과 세월호는
공존할 수 없는가?

정치에서는 종종 단순한 행위가 커다란 논란을 낳는다. 정치인들은 말이 아닌 행동으로도 국민에게 메시지를 주기 때문이다. 그중에서도 참배는 다른 행동과 비교할 수 없을 만큼 큰 의미를 지닌다. 수시로 참배 논란이 빚어지는 것도 이와 무관하지 않다.

문재인 대통령도 참배로 곤욕을 치른 적이 있다. 2012년 제18대 대통령 선거를 앞둔 시점이었다. 국립서울현충원 참배를 하면서 "형식적인 참배는 하지 않겠다"라며 이승만·박정희 전 대통령 묘역은 걸렀는데 이로 인해 편향성 논란이 인 것이다. 논란은 대선 직전 TV토론회에서도 재차 불거졌다*. 당시 박근혜 후보는 보수 진영 대통령에게는 참배하지 않은 것

---

* 뉴스1, "[대선TV토론] 文 "참배만 한다고 대통합인가" vs 朴 "여·야·정 정책협의회 검토해보겠다" 설전", 2012.12.04.

을 강하게 공격했고, 문재인 후보는 "참배만 한다고 통합은 아니다"라고 맞받아쳤다.

새정치민주연합의 당 대표가 된 직후인 2015년 2월에는 첫 행보로 이승만·박정희·김대중 전 대통령 묘역을 모두 방문했다. 국민 통합의 메시지를 보여주기 위함이었다. 여론은 대체로 긍정적이었다. 하지만 정작 당내에서 정청래·유승희 등 강경파 의원들이 "유대인이 히틀러 참배하냐"라며 비난을 쏟아 부었다*.

사실 이승만·박정희 전 대통령이나 김대중·노무현 전 대통령에게 참배하느냐 마느냐 하는 것이 대한민국에 실질적인 변화를 가져오지는 않는다. 경제가 좋아지는 것도 나빠지는 것도 아니다. 그러나 참배는 사람들에게 통합, 화합, 배제, 갈등과 같은 메시지를 전달한다. 전직 대통령들에게는 그들의 이름 석 자에 투영된 상징, 대표하는 진영의 가치가 담겨 있기 때문이다. 이것은 비단 전직 대통령에게만 국한되지 않고 사건에 반영되기도 한다. 천안함과 세월호가 그렇다.

천안함 피격 사건이나 세월호 사건 중 중요하지 않은 사건은 없다. 두 사건 모두 진보·보수에 상관없이 대한민국 사회

---

* 연합뉴스, ""유대인이 히틀러 참배하냐"…野 강경파 반발 격화", 2015.02.10.

'적당히'가 사라진 낡은 정치

가 잊어선 안 될 비극이다. 나는 국민 대부분이 두 사건 모두에 추모의 감정을 갖고 있다고 생각한다. 대학 시절 천안함 피격 사건이 발생하면서 서울광장에 마련된 분향소에 들른 적이 있는데, 많은 또래가 함께 애도의 마음을 표하고 있었다. 세월호 사건도 다르지 않았다. 그래서 우리는 정치인들이 천안함을 추모하든 세월호를 추모하든 그러려니 하고 넘어갈 것이다. 당연한 일을 했기 때문이다.

하지만 정치권의 생각은 다르다. 어떤 사건이 상대 진영을 상징하는 의제가 되어버리면 철저히 외면한다. 같은 진영 혹은 극렬 지지층으로부터 반발을 살 수도 있어서다. 서해 수호의 날 행사나 세월호 추도식에 '굳이' 방문하지 않는 데에는 이들의 눈 밖에 나지 않겠다는 비겁함이 깔려 있다. "누구 좋으라고?" 하는 못된 심보일 수도 있다. 그런 정치인들이 반쪽짜리 교훈을 가지고 정치할 것은 분명하다. 아마 국민도 반쪽만 보일 것이다.

참배나 추도식 참석도 반쪽짜리로 하는 사람이 경제·국방·외교 등 중대한 사안을 국민 모두를 위해 할 리 없다. 그런 정치인이 자리에 앉아있는 건 국가적으로도 손해다. 뭐 지지층이야 본인이 지지하는 만큼 손해를 감수할 수도 있겠지만, 그런 정치인을 뽑지 않은 사람들은 무슨 죄인가. 그들의 결정 하나하나가 국민 모두의 삶에 영향을 끼친다는 점에서, 정치인들은 더 많은 국민을 포용해야 할 의무가 있다.

대통령 후보들은 대부분 선거 때 "국민 모두의 대통령"을 천명한다. 그러나 당선되고 나면 철저히 지지층만을 위한 정치를 한다. 반쪽짜리 인물과 아이디어로 대한민국을 이끄는 셈이다. 심할 때는 범위가 더 좁아진다. 그 결과가 좋을 리 없다. 박근혜 전 대통령이 보여준 결과도 그랬다. 새누리당 지지층만을 위한 정치는 친박을 위한 정치, 진박을 위한 정치로 좁아졌고 급기야 문고리 3인방을 위한 정치, 최순실을 위한 정치로 협소해졌다. 패거리 정치의 대가로 국민은 엄청난 고생을 해야만 했다.

『전환시대의 논리』로도 유명한 시대의 지성 故 리영희 교수는 "새는 좌우의 날개로 난다"라고 했다. 진보, 보수의 균형 잡힌 인식이 있어야 안정과 균형, 발전을 도모할 수 있다는 의미다. 그가 세상을 떠난 지 10년이 되었지만, 여전히 자기 진영만 챙기는 패거리 정치는 변하지 않았다. 정치인들의 그릇은 점점 작아지고 있다. 우리는 언제쯤 통 큰 정치를 볼 수 있을까? 참배든 뭐든, 정치인이라면 한번 생각해 봤으면 좋겠다. "그게 뭐 대수라고!" 하긴 속이 좁아서 이런 생각도 못 할 테지만 말이다.

'적당히'가 사라진 낡은 정치

내부 총질 같은 소리

외국어대 1년 이동수(21)씨는 중학생 때 처음 집회에 참여했다. 2002년 시청 앞에서 열린 효순·미선양 추모 촛불시위 때였다. 집에서 TV를 보다가 "뭔가 불공평하단 생각이 들어 저기엔 꼭 참여해야겠다"며 친구와 함께 시청 앞으로 향했다. 그러나 지난해 광우병 촛불집회 땐 나가지 않았다. 총학생회가 참여를 강요한 것이 싫어서였다. "예전 386세대는 선배들이 나가자고 하면 나갔다지만 우리는 싫으면 못 한다"고 이씨는 말한다[*].

대학생 이동수(21)씨는 좋아하는 정치인으로 꽤 여럿을 꼽는다. "오세훈·원희룡·홍준표·유시민… 노무현 전 대통령은 정책보다는 살아온 과정, 변호사 시절의 모습을 좋

---

[*] 중앙SUNDAY, "'끼리끼리' 극복했던 월드컵 감동 못 잊어", 2009.03.15.

아해요." 흥미로운 건 여야가 뒤섞여 있는 점이다. 지지하는 정당 역시 그렇다. "정책마다 달라요. 교육은 한나라당, 복지는 민주당, 또 민노당이 괜찮은 정책을 낸다고 생각할 때도 있고." 이씨는 "진보 · 보수라는 틀은 무의미하다고 생각한다"면서 "각자의 이해에 따라 시각이 다르다고 본다"고 말했다*.

대학생이던 2009년 초, 중앙일보의 심층보도 전문지인 중앙 SUNDAY에서 청년을 주제로 좌담회 인터뷰를 한 적이 있다. 기사는 청년세대의 가치관이 기존과 다르다는 게 요지였다. 3015명 설문조사를 바탕으로 "정치성향은 진보라지만 한나라당 지지가 가장 높고", "동성애에 크게 너그러운 한편, 노사갈등의 책임은 기업에 있다고 생각"한다는 분석이 따라붙었다**. 2002년 '효순이 미선이 촛불집회'에는 참석했지만 2008년 '광우병 촛불집회'에는 참석하지 않았다는 내 멘트도 함께 실렸다.
좌담회를 진행하면서 나온 이야기에 참석한 대학생 대부분은 서로 공감했다. 하지만 연배가 좀 있으셨던 기자님들은 의

---

* 중앙SUNDAY, "스스로 '진보' 많은데, 정당 지지는 한나라가 1위", 2009.03.15.

** 중앙SUNDAY, "스스로 '진보' 많은데, 정당 지지는 한나라가 1위", 2009.03.15.

142   '적당히'가 사라진 낡은 정치

아하다는 듯 몇 번을 되묻곤 하셨다. "진보인데 왜?" 혹은 "보수인데 왜?" 같은 내용이었다. 결국 기사에는 지금 20대의 정치 성향은 이전 세대의 잣대로는 재단이 쉽지 않으며, 과거처럼 지역·이념에 따라 고착화된 성향이 두드러지지 않는다는 평가가 담겼다.

사람마다 살아온 배경과 환경이 다르다. 놓인 위치나 경험에 따라 의견이 다른 것은 당연한 일이다. 그러나 당시 정치·사회적 분위기는 그것을 인정하지 않았다. 한미FTA나 강정마을 해군기지·미디어법 등을 두고 진영마다 정해진 스테레오타입 같은 것이 있었고, 구성원들에게 강요되었다. 의견 대부분을 같이하더라도 한두 개가 다르면 배신자니 첩자니 하는 욕을 바가지로 먹어야 했다. 나는 그게 싫었다. 그런데 그때 누가 알았을까? 더 심해지게 될 줄은.

고정관념이라고 번역되는 스테레오타입은 "어떤 특정한 대상이나 집단에 대하여 많은 사람이 공통으로 가지는 비교적 고정된 견해와 사고"를 의미한다***. 이 스테레오타입은 사실에 근거하기보다는 순전히 개개인의 감정적 판단으로 결정된다. "흑인은 범죄율이 높다"라든지 "전라도 사람은 뒤통수를

***　두산백과, 「스테레오타입(stereotype)」

　천안함과 세월호는 공존할 수 없는가?

잘 친다"라는 편견이 보여주는 것처럼 말이다. 그런데 우리는 앞의 사례처럼 하면 안 된다고 널리 알려진 고정관념들은 경계하면서도 정치적 스테레오타입은 견고히 하는 경향이 있다. 더 나아가 진영 내에서 누군가 다른 목소리를 내면 융단폭격을 가하기도 한다.

진보적인 사람이라고 해도 기업친화적 정책에 찬성할 수 있고, 보수적인 사람이라고 할지라도 동성애 문제에 너그러울 수 있다. 같은 진영의 사람이라고 하더라도 세상 오만가지 사안에 의견을 같이할 수는 없지 않은가? 그러나 우리 정치는 이것을 용납하지 않는다. 심지어 정치적 이해관계에서 자유로운 일반 시민들마저 그렇다. 어쩌면 그런 지지자들이 스테레오타입에서 벗어나지 못하는 정치를 만드는 것인지도 모른다.

우리가 스테레오타입을 따르는 건, 우선 새로운 사실들을 일일이 받아들이고 분석하는 것이 귀찮고 힘들어서다. 그래서 남이 정해준 기준에 나의 생각을 맞춘다. 미국의 유명한 칼럼니스트였던 월터 리프먼(Walter Lippmann)은 1922년 발표한 『여론(Public Opinion)』이라는 책에서 이렇게 말했다. "사람들은 대부분 정의를 내리기 위해서 무엇을 읽는 것이 아니라, 정의를 먼저 내린 다음에 읽는다*." 이미 100여 년 전에 분석한 것처럼 국민에게는 자기 진영에서 내리는 가치판단이 큰 역할을 한다. 유시민 작가가 tvN 〈알쓸신잡〉에서 "토론의 목적은 자기 호감도를 높이는 것이 아니라 지지자들이 쓸 논리 무기고를 공급하는 것"이라고 했던 것도 궤를 같이한다. 우리가 개별 사건들에 관한 가치판단을 내리기도 전에 이미 우리 손에는 스테레오타입에 따른 무기가 들려있는 것이다.

"이 사건은 이렇게 하라"라는 지시를 따르지 않는 것은 모험과도 같다. 내 주장이 틀릴 수도 있고, 맞는 말을 하더라도 고립될 가능성이 높다. 여기서 방어기제가 작동한다. 이때 개인은 혼자 남겨지지 않기 위해 같은 진영의 논리를 반복하면서 그들의 울타리 안에 들어간다. 이걸 깨면 기존 질서를 위협하는 인물이 되기 십상이다.

자기 진영의 스테레오타입에 반대하는 것은 정말 큰 용기가 필요하다. 나를 지지하던 사람들로부터 가치가 실종되었다는 둥, 이념이 빈약하다는 둥 비난을 감수해야 한다. 게다가 그 가치라는 게 정작 본인들 유불리에 따라 선택적으로 적용되는 게 문제다. 똑같은 논리로 상대방을 비난하다가도 자기들이

---

*   월터 리프먼, 『여론』, 이충훈 옮김, 까치글방, 2012.

천안함과 세월호는 공존할 수 없는가?

불리해지면 입 싹 닫는 게 오늘의 정치 현실이니까 말이다. 논리가 궁색해지면 "내부에 총질하는 것이냐"라며 으름장을 내놓는다. 이건 깡패들이나 하는 짓이다.

큰 정치인들은 합리적인 사람이 많았다. 국가적으로 해결해야 하는 의제라면, 그것이 국민을 위한 것이라면 자기 진영의 반대를 무릅쓰고서라도 상대방과 대화하고 타협했다. 김영삼, 김대중, 노무현은 그런 사람들이었다. 스테레오타입에 충실해서는 진영의 얼굴은 될 수 있을지언정 '대한민국호'를 이끄는 선장이 될 수 없다. 되어서도 안 된다.

하지만 합리적인 정치인들은 언제나 고독에 둘러싸인다. 언뜻 보면 모두에게 칭찬받을 것 같지만, 양쪽에서 욕먹는 게 현실이다. 정책을 유연하게 적용하고, 사안마다 입장을 달리한다면 확고한 지지기반을 안지 못한 채 어설픈 중도로 포장된다. 이런 사람들이 소외될수록 정치는 양극화한다.

『고독한 군중』을 쓴 미국의 사회학자 데이비드 리스먼(David Riesman)은 "'타인지향형 사회'에서 인간은 일정한 가치관을 갖지 않고 타인 혹은 세상의 흐름에 자기를 맞춰서 살아간다"라고 비판했다*. 그들에게는 자기 생각보다 타인의 주장이

---

* 데이비드 리스먼, 『고독한 군중』, 류근일 역, 동서문화사, 2011.

더 중요하다. 정치적으로 권위가 있는 사람(혹은 집단)이라면 더더욱 그렇다. 그렇게 우리는 내 밥그릇 내어주며 진영의 이익에 충실하게 된다. 스테레오타입에 충실한 것은 개인에게도 국가에도 도움이 되지 않는다.

EBS는 언젠가 동조효과에 대해서 실험을 한 적이 있다. 7명의 실험자에게 A, B, C 중 X와 같은 길이의 선을 맞추라는 것이 내용이었다. 사전에 섭외된 6명의 연기자는 모두 터무니없는 오답을 선택했다. 진짜 실험자로 참가한 나머지 한 명도 처음에는 정답을 말하다가 실험이 거듭되자 6명의 오답을 따라 갔다. 군중심리, 더 나아가 진영 논리의 밑바닥에는 이처럼 집단에서 소외되길 두려워하는 개인의 심리가 작동하고 있다. 정치도 마찬가지다. 그렇다고 정치인이 여기에 편승해선 안 된다.

모든 문제를 자기 진영이 주장하는 대로 해결하려 한다면, 정치는 결코 우리의 삶을 긍정적으로 이끌 수 없다. 진영과 조직의 주장에서 벗어나 사안마다 가장 합리적인 해결 방법을 찾고, 그런 정치인을 뽑도록 노력해야 한다. 다원화한 사회에서 정답은 없다. 정의에 안팎이 있을 수도 없다. 정치야말로 '미움받을 용기'가 필요한 곳이다.

여당도 싫고, 제1야당도 싫다는 건 어제오늘의 일이 아니다. 양극화한 정치에 환멸을 느낀 국민은 언제나 제3의 정당을 원했다. 걸핏하면 튀어나오는 '제3정당론'은 특히 양쪽의 세력균형이 어느 정도 유지될 때 자주 불거졌는데, 그건 양쪽이 모두 잘해서가 아니라 다 못했기 때문이다. 한나라당이 압승한 2006년 지방선거나 더불어민주당이 싹쓸이 한 2018년 지방선거처럼 어느 한쪽이 압도적 우위에 있을 때에는 제3정당도 고개를 내밀지 못했다.

양쪽이 다 고만고만하다는 건 비단 정책에만 국한되는 것이 아니다. 사실 개별 정책으로 정당에 대한 지지를 철회하는 경우는 거의 없다. 그것보다는 여야가 이념적으로 경도되어 현실을 보지 못할 때, 진영 갈등이 극에 달해 이전투구를 벌일 때 제3정당에 대한 요구가 폭발한다. 그래서 제3정당은 대체로 합리적인 중도 포지션을 내걸고 전면에 나섰다.

1992년 2월 창당되어 그다음 달 총선에서 무려 31명의 당선자(지역구 24명, 전국구 7명)를 배출한 통일국민당은 제3정당의 원조라고 할 수 있다. 당을 만든 이는 맨손으로 현대그룹을 일군 정주영 전 회장. 그는 같은 해 겨울에 있을 대통령 선거를 위해 통일국민당에 각고의 노력을 기울였다. 반값 아파트, 초중등학교 전면 무상급식 등 시대를 한참 앞서간 공약들이 통일국민당으로부터 나왔고, 경부고속도로 복층화처럼 다소 '뻥카'로 보이는 공약도 등장했다. 최불암·이주일·강부자 등 당대 유명 연예인을 비롯해 훗날 정치인이 된 김한길 작가를 영입하기도 했다. 통일국민당은 젊은 유권자들과 중도보수층에게 큰 인기를 얻었다.

'안철수의 국민의당'은 제3정당의 대표 격이다. 정치 경력이라고는 전혀 없던 안철수 교수가 2011년 서울시장 보궐선거 출마를 선언했을 때 '안철수 현상'이라고 할 만큼 돌풍이 불었던 것은 개인에 대한 호감도 있었지만 기성 정당에 대한 반감이 더 컸다고 보는 게 타당하다. 사람들은 성공한 기업인인 그가 합리적이고 실용적인 정치를 펼 것으로 기대했다. 국민의당은 그 기대를 반영하듯 2016년 총선에서 등장하자마자 38석을 휩쓸어 갔다(지역구 25명, 비례 13명). 이따금 애매모호한 태도가 사람들의 답답함을 사기는 했어도 많은 사람이 이

천안함과 세월호는 공존할 수 없는가?

넘에 경도되지 않고 실용을 추구한다는 그를 응원했다. 적어도 '갑철수', 'MB아바타'가 나오기 전까지는.

통일국민당, 국민의당, 덧붙여서 새누리당 비박계 의원들이 떨어져 나와서 만든 바른정당은 모두 매력적인 정당이었다. 국민은 기존 정치의 관성을 깨달라는 염원을 담아 이들에게 적지 않은 표를 몰아주었다. 그러나 한 번뿐이었다. 세 정당은 모두 3년을 넘기지 못했다. 정주영의 재력에 의존한 뜨내기 정당은 정권 차원의 견제가 계속되며 이내 문을 닫았고, 국민의당과 바른정당은 바른미래당으로 통합해 재도약을 모색했지만 잦은 내분으로 다시 분열되었다.

세 정당이 금세 무너진 이유는 고정적 지지기반의 부재에 있다. 국민의 이념 성향은 어떤 사안이든 간에 대체로 가운데를 중심으로 양쪽으로 퍼져나가는, 이른바 표준정규분포 곡선을 그린다. 반면 정치 지형은 양쪽 끝에서 출발해 가운데로 수렴한다. 중도를 표방하는 정당, 합리적 교차투표를 지향하는 정당의 불안정성이 여기서 생겨난다. 한때 많은 인기를 구가할 수는 있어도 그 세력을 지속해서 유지하기는 어렵기 때문이다. 그래서 많은 정당이 '집토끼'부터 잡고 '산토끼' 잡으러 나가는 자세를 취한다. 이런 스탠스가 정치 양극화를 심화하는 것은 당연한 귀결이다.

제3정당들은 대체로 이 정치 지형의 미스매치를 극복하기 위해 지역주의와 붙는 전략을 취했다. 멀리 갈 필요도 없다. 국민의당은 새정치를 내세웠으면서도 전혀 새로울 것이 없는 호남 다선 의원들로 채워졌다. 중도실용과 호남 지역주의라는, 조화될 수 없는 두 가치의 불협화음은 오래 가지 못했다.

소수정예로 버티면서 후일을 도모하는 것도 쉬운 일이 아니다. "존버는 승리한다"라는 명제는 가상화폐 시장에선 통할지 몰라도 정치권에선 불가능한 이야기다. 정당마다 앞에 떨어지는 돈이 다르기 때문이다. 우리나라 「국회법」은 정당정치를 뒷받침하기 위해 원내정당에게 정당보조금을 지급하는데, 교섭단체에게 절대적으로 유리하게 설계되어 있다*. 참고로 원내교섭단체란 현역 의원 20명 이상으로 구성된 집단을 일컫는다. 보통 한 정당이 한 개의 원내교섭단체를 꾸리지만 여러 정당이 연합해서 교섭단체를 꾸릴 수도 있다. 그런데 정체성이 다른 집단들이 단지 교섭단체의 지위를 얻기 위해 손을 잡는 것이 과연 얼마나 유지될 수 있겠나. 이념적으로도 지역적으로도 확고하지 못한 경우 소선거구제에서 살아남기란 정말 어려운 일이다. 중도정당의 딜레마는 앞으로도 계속될 것이다.

---

* 머니투데이, "[런치리포트]정당보조금 문제없나", 2016.02.16.

양당제냐 다당제냐 하는 논의보다 중요한 것은 기성 정당의 기득권을 깨는 것이다. 현재 우리나라 정치는 독과점 시장과 비슷하다. 만일 휴대폰이나 자동차를 만드는 회사가 두 개만 있다고 가정해보시라. 거기에 수출 장벽도 높다면? 물론 지금도 어느 정도 그렇지만 기업은 우리 국민을 더더욱 호구로 볼 것이다. 오늘날의 정당들이 딱 그렇다. 사실상 경쟁이 불가능한 구도에서 기성 정당의 경쟁력은 퇴보할 수밖에 없다. 양당도 잘못하면 언제든 무너질 수 있다는 경각심을 심어주어야 한다. 항상 뽑던 정당이 아니라 잘하는 정당에 투표하면 된다. 정치를 날로 먹는 시대는 지났다.

타다 금지법은 왜 통과되었나?

제19대 국회에서 발의된 법안은 전부 17,822건. 그중 법률로 반영된 안은 7,429건이다. 10,392건은 여러 가지 이유로 미반영되었다(부결·폐기·철회 등). 그보다 앞선 제18대 국회에서는 13,913건이 발의되었고 6,178건이 반영, 7,735건이 미반영되었다*. 국회의원 수가 300명이니 평균적으로 놓고 보면 한 사람당 4년 동안 20~25건 정도의 법안을 통과시키는 것이다. 1년으로 치면 대여섯 건이다. 심지어 문장만 조금 바꾸고 통과되는 법안도 적지 않다. 그래서 사람들은 정치인들이 "놀고먹는 나쁜 놈들"이라고 비판한다.

이것은 큰 오해다. 법안 하나를 통과시키는 것은 결코 쉬운 일이 아니다. 형식적으로도 만만치 않은 관문을 여럿 넘어야 한다. 우선 국회의원이 법안을 발의하면 해당 상임위원회

---

* 국회 의안정보시스템, 의안현황, http://likms.assembly.go.kr/bill/main.do

천안함과 세월호는 공존할 수 없는가?

에 회부된다. 상임위별로 배치된 전문위원들이 검토한 뒤 '상임위 안의 상임위' 격인 소위원회에서 논의한다. 소위원회에서 내용적 측면·법률적 측면 등을 다양하게 검토하면 상임위원회 전체회의로 올라간다. 전체회의 표결을 통과했다고 해도 바로 본회의로 넘어가지 않는다. 법제사법위원회(법사위)에서 법률적으로 타당한지, 타 법안과 충돌하지 않는지 등을 다시 검토한다(물론 여기에서도 정치적 판단이 들어가기도 한다). 이 법사위를 통과해야만 비로소 본회의에 올라간다. 상임위·법사위에서 충분히 논의되었기 때문에 대체로 본회의는 바로바로 통과되지만, 여야가 첨예하게 대립하는 법안은 본회의장에서도 갈등을 빚는다. 최악의 경우에는 본회의를 통과한 법안에 대해 대통령이 거부권을 행사하기도 한다. 이 모든 형식적 절차를 거쳐야만 비로소 하나의 법이 완성된다.

물론 이건 형식적인 측면에서만 놓고 봤을 때다. 국민 여론이 분분하고 이해관계가 엇갈릴 때는 난이도가 훨씬 높아진다. 때로는 법안에 대한 국민의 의견을 수렴하기 위해 열리는 공청회나 토론회가 개판이 되기도 한다. 그래서 법안을 많이 발의하고 통과시킨다고 유능한 국회의원이라 할 수 없고, 하나도 통과시키지 못했다고 무능한 국회의원이라 할 수도 없는 것이다.

그런데 이따금 예외적인 법이 등장한다. '타다 금지법'이라는 별칭이 붙은 「여객자동차 운수사업법 일부개정법률안」이 그랬다. 2019년 10월 24일 발의된 지 40여 일 만에 국토교통위 법안심사소위원회를, 그다음 날 전체회의를 통과했다*. 국민 여론이 분분한 법안이었지만 여야는 평소와 달리 발 빠르게 손발을 척척 맞췄다.

국토위를 통과한 타다 금지법은 이름 그대로 타다 금지를 목적으로 한다. 관광 목적으로 승합차를 빌리는 경우에만 운전자를 알선할 수 있도록 했다. 대여 시간이 6시간 이상이어야 하고, 대여·반납 장소가 공항·항만인 경우로 제한된다. 그마저도 항공권이나 선박 탑승권이 있어야 한다**. 아마 이 모든 요건을 충족하여 타다를 빌리는 사람은 거의 없을 것이다***.

법은 애당초 타다 같은 서비스를 제도권으로 편입하자는 취지였다. 타다 같은 플랫폼 사업자에게 운송 면허를 주되 면허 총량을 제한하도록 했다. 별칭도 타다 금지법이 아닌 '플랫폼

---

* 동아일보, "여론보다 '조직 표'에 민감…타다 금지법으로 본 여의도 정치공학", 2019.12.13.

** 머니투데이, "'타다금지법' 국토위 소위 통과…'택시 표' 택한 국회(종합)", 2019.12.05.

*** 타다는 그동안 "11~15인승 승합차에 대해서는 렌터카를 대여하고 운전자를 알선할 수 있다"라는 「여객자동차 운수사업법」 시행령 제18조의 조항을 근거로 운행을 했었다. 타다가 승용차가 아닌 카니발 승합차로만 운행했던 것은 이러한 이유에서다.

천안함과 세월호는 공존할 수 없는가?

택시법'이었다*. 그러나 타다가 1만 대 증차 계획을 발표하고 택시 업계 여론이 들끓으면서 상황이 바뀌었다. 총대를 멘 여당의 국회의원은 택시 회사들이 연 집회에 참석해 "여러분들의 의지를 담아서 타다 금지법을 발의하겠다"라고 선언해 박수갈채를 받았다. 그의 지역구에는 택시 회사가 20개 넘게 있다.

인천을 지역구로 둔 야당의 국회의원은 한술 더 떠 "관광객도 항공권, 선박탑승권을 소지한 경우에만 빌리게 해야 한다"라고 강력하게 주장했다. 공항·항만에서 타다를 빌린다면 인천 택시 업계의 타격이 크다는 이유였다. 법안을 논의하는 과정에서 미래 산업에 대한 고민은 보이지 않았다.

그래도 타다 금지법은 그나마 양반이다. 8년 전엔 택시를 대중교통으로 인정해 육성해야 한다는 우스꽝스러운 법안도 나왔다. '택시 대중교통법'은 버스 업계가 크게 반발하고 이명박 대통령이 거부권을 행사하면서 무산되기는 했지만, 우리 정치의 수준을 보여주는 대표적인 사례로 남았다.

이익집단들은 정치권에 엄청난 영향력을 행사한다. 사람들은 흔히 재벌 기업을 떠올리겠지만 1인 1표를 원칙으로 하는 민주주의 사회에서는 돈보다 표의 힘이 더 세다. 그래서 정치

---

* 동아일보, "여론보다 '조직 표'에 민감…타다 금지법으로 본 여의도 정치공학", 2019.12.13.

인들은 택시 업계나 사립유치원 연합, 노동조합, 시민단체와 같이 많은 구성원을 거느리고 있는 이익집단의 입김에서 자유로울 수 없다. 이들은 특정 법안의 결과를 놓고 조직된 표를 행사하기 때문이다. 타다 금지법이 통과 안 되면 두고 보자고 벼르는 식이다. 반면 일반 시민들은 관심사가 다양해서 법안 하나를 놓고 의원에 대한 호불호를 결정하지 않는다. 설령 반대하는 법안이 있다고 하더라도 인터넷상에서 악플 한 번 달고 끝난다. 결국 정치는 다수의 여론보다 소수의 이익집단에 휘둘린다.

이익집단이 꼭 나쁜 것은 아니다. 민주주의 사회에서 자기들의 이익을 위해 목소리를 내는 것은 당연하다. 다만 그 정도가 지나쳐 전체 국민이 아닌 특정 집단을 위해 사회적 자원이 배분되는 것이 문제다. 민주주의는 늘 범위보다 강도에 의해 고통받는다[**]. 투표권은 모든 이에게 주어지지만, 그 권한을 적극적으로 행사하는 것은 또 별개이기 때문에. 만일 100%의 유권자가 적극적으로 정치에 참여한다면 택시 대중교통법과 같이 터무니없는 법은 고개도 내밀지 못할 것이다. 하지만 앞서

[**] 박상훈, 「한국의 정치 양극화 – 행태, 기원 그리고 구조」, 『문학과 사회』 제28권 제1호, 문학과지성사, 2015, pp.294–313.

수차례 언급했듯 이것은 현실적으로 불가능하다. 결국 정치는 열정적인 소수에게 포획된다.

꼬리가 몸통을 흔든다는 '웩더독(wag the dog)' 현상은 파생상품 시장에서만 적용되는 게 아니다. 정치권에서는 이익집단이나 열정적 소수자들이 그 꼬리 역할을 한다. 이들은 단기적으로 본인에게 유리한 구도를 만들기 위해 당 밖의 극단 세력을 당 내부로 끌어들이는가 하면, 조직을 거느리고 입당해 직접 비례공천을 거머쥐기도 한다. 정당으로서는 표를 많이 가져다주니 당장은 싱글벙글하지만 언젠가는 그 집단들이 굴레가 된다. 정당들이 종종 국민의 반대와 이익집단의 압력 사이에서 오도 가도 못하는 상황이 연출되는 것은 이러한 이유 때문이다.

우리는 정치가 이익집단의 영향에서 자유로울 수 없다는 점을 항상 명심해야 한다. 정치인들이 그들의 목소리는 반영하되 일정 부분 거리를 두면 좋겠지만 그럴 가능성은 거의 없다. 그렇다면 적극적인 참여로 국민의 힘이 이익집단의 힘보다 무섭다는 걸 보여줘야 한다. 결국 자기 밥그릇은 자기가 챙기는 수밖에 없다.

어그로꾼이 된
정치인들

내가 기억하는 우리나라 최악의 선정 보도는 2007년에 있었다. 문화일보가 9월 13일 게재한, "신정아 누드사진 발견"이라는 제목의 사회면 기사였다. 기사는 모자이크 처리한 신정아 교수의 누드사진 두 장을 대문짝만하게 실었다. "신 씨는 책들이 꽂혀 있는 방의 욕실 앞에서 다소 쑥스러운 표정, 또는 무표정한 모습으로 정면과 측면, 뒷모습을 드러냈다"라며 친절하게 설명까지 덧붙이는가 하면, 익명 전문가들의 말을 빌려 "몸에 내의 자국이 전혀 없는 것으로 미루어 내의를 벗은 지 한참 후에 찍은 사진", "신 씨가 영향력 행사가 가능한 각계의 원로급 또는 고위급 인사들에게 성(性) 로비를 했을 가능성을 보여주는 물증"이라고 주장하기도 했다*.

---

* 문화일보, "신정아 누드사진 발견", 2007.09.13.

그 사진은 훗날 합성으로 밝혀지고**, 사건은 문화일보가 신 교수에게 8천만 원을 지급하는 것으로 종결되었다***. 하지만 우리 언론들은 당시의 보도 행태로 많은 내홍을 겪어야 했다.

신정아 사건은 정말 갖가지 가십들이 덧붙여지며 화제를 낳았다. 그녀가 주장한 서울대학교 입학, 캔자스대학교 학·석사, 예일대학교 박사 학위는 모두 위조였고, 알고 보니 고졸이라는 사실이 드러났다. 하지만 위조된 스펙으로 유명 미술관 큐레이터는 물론 동국대학교 교수, 광주비엔날레 공동감독으로 선정되었던 것이 알려지자 문화계가 발칵 뒤집혔다. 그녀가 타던 BMW 승용차의 실소유주가 조계종 승려라는 것도 밝혀졌다****. 삼풍백화점 붕괴 사고의 생존자라는 것도 회자되었다. 결정타는 참여정부 실세였던 변양균 정책실장과의 불륜이었다. 학력 위조에서 시작된 논란은 권력형 비리로 불거졌다. 버릴 것 하나 없는 떡밥들에 신난 언론은 연일 선정적 보도를 쏟아부었다. 바야흐로 옐로우 저널리즘의 시대였다.

흔히 황색 저널리즘이라고 하는 옐로우 저널리즘은 독자의

** 연합뉴스, "신정아 누드, 합성사진 재촬영한 것", 2009.12.09.

*** 연합뉴스, "'누드사진 게재' 신정아 사건 8천만 원에 조정 종결", 2011.01.18.

**** 한겨레, "신정아씨 BMW 실제 주인은 조계종 승려", 2007.08.27.

161   어그로꾼이 된 정치인들

시선을 끌기 위해 성추문, 엽기적 사건, 유명인의 사생활 등을 과도하게 취재하는 언론 관행을 일컫는다. 선정성을 극대화해서 수익을 높이려는 전략이다.

옐로우 저널리즘은 1889년 미국 신문 뉴욕월드가 일요일판에 〈Yellow Kid〉란 만화를 연재한 데서 유래했다. 노란 옷을 입은 하층민 어린이가 주인공이었는데, 당시 사회 지도층의 눈에 맞춰서 신문을 만들던 관행에 염증을 느낀 서민들이 여기에 열광했다. 〈Yellow Kid〉가 선풍적인 인기를 얻자 경쟁지인 뉴욕저널이 이를 그린 만화작가 리처드 펠튼 아웃콜트를 스카웃하여 그대로 〈Yellow Kid〉를 연재했고, 이에 질세라 뉴욕월드는 더 높은 원고료로 그를 다시 데려왔다. 하지만 아웃콜트는 결국 뉴욕저널로 이적했다. 요즘 같으면 돈 많이 준다고 여기저기 적을 옮긴 만화작가가 매장되겠지만 그 시절엔 그런 게 없었다. 결국 뉴욕월드는 다른 만화작가를 고용해 〈Yellow Kid〉를 계속 연재하게 되었다. 두 언론사가 만화 하나를 두고 벌인 경쟁에서 지나친 상업성과 선정주의가 불거졌다. 이것을 지켜보던 제3의 언론 뉴욕프레스가 이 언론들을 "황색 언론(Yellow press)"이라고 지칭하면서 옐로우 저널리즘이라는 용어가 탄생하게 되었다*.

---

* 아시아경제, "[전쟁과 황색 저널리즘]②황색 저널리즘 원조는 퓰리처?", 2017.09.07.

역설적이게도 옐로우 저널리즘의 시초가 된 뉴욕월드의 소유주는 바로 조세프 퓰리처(Joseph Pulitzer), 언론계의 노벨상으로 불리는 퓰리처상의 그 퓰리처다.

많은 언론사가 언론인으로서의 가치, 사명감을 굽혀가면서까지 옐로우 저널리즘을 추구하는 것은 무엇 때문일까? 뉴스 소비자들을 위해서? 돈을 벌기 위해? 둘 다 맞는 말이다. 우리는 삶에 영향을 끼치지만 재미없는 뉴스보다 시답지 않더라도 흥미로운 기사를 자주 보게 된다. 언론사도 결국 회사이기 때문에 수익을 창출해야 한다. 정도의 차이가 있을 뿐 소비자들의 선호에 맞춰 갈 수밖에 없는 것이다.

정치인들은 누구보다 이 생리를 잘 아는 사람들이다. 더욱이 매체가 많아지고 지면의 제한이 없어지면서 언론 노출을 극대화하기 위해 이를 적극적으로 활용하기도 한다. 옛날 같았으면 자잘해서 신문에 실리지 못할 기사들도 인터넷에서는 얼마든지 다뤄질 수 있기 때문이다.

정치인들의 막말, 욕설이 대표적이다. 상대방을 윽박지르고 비아냥거리는 것이 국민의 일상을 바꾸는 데 큰 도움이 될 리 없다. 하지만 그런 식의 기사는 정책 기사에 비해 인터넷상에서 확산하는 속도의 차원이 다르다. 인터넷 커뮤니티에 퍼날라지면서 반응이 폭발할 때도 있다. 예를 들어 우리는 그 떠들

썩했던 선거법 개정안이나 공수처법마저도 대표 발의한 의원이 누구인지 잘 모르는 경우가 많다. 하지만 "사퇴하세요!" 하면 바로 한 명의 정치인을 떠올린다. 심지어 그 정치인이 서울시 교육감을 상대로 "왜 MS오피스를 마이크로소프트에서 샀냐"라고 따진 사람과 동일인물이라는 것도 안다. 인지도가 곧 표로 직결되는 정치인으로서 무엇이 남는 장사이겠는가?

포퓰리즘의 대명사로 유명했던 차베스 전 베네수엘라 대통령은 본인이 직접 버라이어티쇼의 주인공이 되기도 했다*. 그는 공영방송을 통해 일요일 아침마다 〈알로 프레지덴테(여보세요 대통령)〉라는 이름의 생방송 토크쇼를 직접 진행했다. 시청자와 출연자들의 민원을 즉석에서 해결해주고, 때로는 관계 장관에게 호통을 치기도 했다. 베네수엘라 국민은 정치인이자 연예인인 그에게 열광했다. 그런 정치가 쌓여 지금의 베네수엘라를 만든 건지도 모른다.

선정적인 정치는 때때로 국면 전환의 카드로 사용되기도 한다. 한나라당은 1997년에 이어 2002년 대선마저 패배하고 나자 여권을 격렬하게 공격했는데, 그때 주요 소재로 선택한 것이 대통령 개인에 대한 경멸이나 비이성적 야유였다. 그 때문

---

* 중앙일보, "[남미는 지금] ⑤ 포퓰리즘의 함정", 2006.04.15.

'적당히'가 사라진 낡은 정치

에 노무현 대통령의 서민적 말과 태도는 끊임없이 논란이 되었다. 연설하더라도 정책이나 메시지보다는 노무현 대통령의 애드리브가 정쟁의 도마 위에 올랐다. 물론 이것은 정권이 바뀐 뒤 야당이 된 민주당도 다르지 않았다.

'잘 팔리는 정치'가 재미는 있어도 우리 삶에 별로 도움이 되지 못하는 것은 확실하다. 맛은 있어도 저영양 고칼로리인 음식과 비슷하다. 상대방에게 삿대질하고 막말하는 것은 지지층에게는 사이다가 될 수 있지만, 대다수 국민에게는 막말일 뿐이다. 요즘 같은 세상에서는 인터넷에 박제되어 두고두고 부메랑이 될 수도 있다. 그럼에도 정치인들은 선정적 정치, 옐로우 폴리틱스(Yellow Politics)의 유혹을 떨치지 못한다. 거기에 부합하는 '스타 정치인'이 다음 선거에서도 유리한 게 사실이기 때문이다.

많은 국회의원이 법안 자료들 바리바리 싸가지고 다니면서 공부한다. 그 보좌진은 밤새는 경우가 허다하다. 아무것도 아닌 청년들이 국회를 찾아가도 끝까지 경청해준다. 하지만 국민에게 이런 정치인은 인기가 없는 정도가 아니라 존재조차 알려지지 않은 경우가 많다. 그런 정치인들이 힘을 낼 수 있어야 한다. 결국 방법은 하나밖에 없다. 선정적 정치를 일삼는 정치인은 그 자체로 소비하되, 투표는 제대로 된 정책을 만드는 사람에게 하는 것이다. 재미만 보고 표는 안 주면 된다.

국가정보원의 대선 댓글공작 의혹으로 온 나라가 떠들썩했던 시절이 있었다. 드루킹이니 킹크랩이니 둘리니 하는 해괴한 닉네임을 가진 사람들과 프로그램이 뉴스를 장식했던 시절도 있다. 인터넷이 보편화된 이후 온라인 세상의 패권을 장악하는 것은 현실에서 표를 호소하는 것 이상으로 중요해졌다. 선거 때마다 댓글 여론과 관련한 크고 작은 문제들이 생기는 것은 이러한 이유에서다.

하지만 우리나라 같은 소국(小國)에서는 자국 내 정당들이 인터넷 전쟁에 참전할 뿐 다른 나라들은 큰 관심을 가지지 않는다. 동아시아 몇 개 국가들을 제외하곤 대한민국 대통령이 누가 되든 큰 영향을 받지 않기 때문이다. 하지만 대국(大國)이라면, 특히 미국처럼 정책 방향에 따라 세계질서가 뒤바뀌는 나라라면 이야기가 달라진다. 그래서 사람들은 미국에 대선이 실시될 때마다 촉각을 곤두세운다.

'불곰국'의 상남자 블라디미르 푸틴은 심지어 본인이 두 팔을 걷고 나섰다. 2018년 12월 17일, 워싱턴포스트는 미 상원 정보위원회에 제출된 보고서를 바탕으로 "러시아가 소셜미디어 공작을 통해 미 대선에 적극적으로 개입했다"라고 보도했다*. 해당 보고서에는 러시아 정부와 연계된 '인터넷 리서치 에이전시(IRA)'가 페이스북이나 인스타그램, 유튜브, 트위터 등을 통해 인종혐오를 부추기고 가짜 뉴스를 살포했다는 분석이 담겼다. 목표는 도널드 트럼프의 당선이었다.

IRA는 단순히 댓글을 달고 좋아요 버튼을 누르는 정도로 개입한 게 아니다. 흑인을 진압하는 경찰의 영상을 편집해서 뿌리거나 힐러리 건강 이상설 같은 가짜 뉴스를 집요하게 살포했다. 〈포켓몬GO〉와 같은 게임도 활용되었다**. 〈포켓몬GO〉 콘테스트를 열고, 경찰의 강경 진압이 문제가 된 지역에 가서 포켓몬을 잡도록 한 것이다. 포켓몬의 애칭에 희생된 흑인의 이름을 붙이도록 했다. 사람들은 기프트카드를 받기 위해 러시아가 깔아놓은 판 위에서 적극적으로 포켓몬을 잡았다.

IRA가 조직한 이른바 '트롤 부대'는 유럽에도 심각한 위협

---

* 한겨레, "러시아, 트럼프 당선 위해 흑인 겨냥 '여론전쟁' 벌였다", 2018.12.18.

** 뉴스1, "집요했던 러시아 美 대선개입… '포켓몬고'까지 악용했다", 2017.10.13.

어그로꾼이 된 정치인들

을 가하고 있다. 유럽의회 선거는 물론 독일·영국·프랑스같이 자신들이 상대하기 껄끄러운 나라의 선거 결과에도 적극적으로 개입하고 있기 때문이다. 러시아는 가짜 뉴스가 포함된 정보들을 EU 소속 국가별로 또는 이슈별로 만들어 국지전을 벌였다. 예를 들어 독일에 대해선 시리아 난민과 관련한 갈등을 조장하고 프랑스에 대해선 마크롱에 대한 불신을 확산시키는 식이다. 러시아발 뉴스에 약 2억 4,100만 명이 노출된 것으로 추정된다. 유럽연합 전체 인구는 2018년 기준 5억 1,260만 명 정도다*. 2018년 EU는 러시아의 선거 개입을 막기 위해 가짜 뉴스 대응 예산을 종전 190억 유로에서 500억 유로로 대폭 늘렸다. 우리나라 환율로 65조 원이나 되는 어마어마한 액수다.

공산주의가 관뚜껑 덮은 지 오래지만, 러시아의 가짜 뉴스가 이렇게 다시 막대한 영향력을 행사할 수 있게 된 것은 뉴스의 생태계가 완전히 달라졌기 때문이다. 사람들이 예전처럼 신문과 라디오, TV로 뉴스를 소비한다면 이런 문제는 발생하지 않는다. 정부가 어느 정도 제재를 가할 수 있고 언어장벽으로 애당초 뉴스가 국경을 넘기도 힘들다. 하지만 이제 신문이

---

* 한국일보, "러시아가 뿌리는 가짜뉴스, 유럽의회 선거판 흔든다", 2019.05.17.

'적당히'가 사라진 낡은 정치

나 라디오로 뉴스를 접하는 사람은 거의 없다. TV보다도 페이스북, 유튜브 같은 소셜미디어로 세상을 바라본다. 임직원 1700명이 달라붙는 MBC의 매출이 6살짜리 보람이가 짜왕 한 번 먹는 것보다 못한 것도 이것과 무관하지 않다.

우리나라 유튜브는 국정농단 사태를 기점으로 폭발적으로 성장했다. 모든 언론이 박근혜 대통령을 탈탈 터는 상황, 여당의 주요 지지층이었던 60대 이상은 "조선일보도 못 믿겠다"라며 불만을 터뜨렸다. 그들의 대안은 카카오톡과 유튜브였다. 카카오톡에서는 사실을 확인할 수 없는 짤방들이 온종일 나돌았고, 1~2만 명에 불과하던 보수 유튜버들의 구독자는 수십만으로 불어났다.

그 시절 언론 담당이던 내게 소셜미디어를 통한 가짜 뉴스의 확산은 정말 큰 골칫거리였다. 더욱이 의원이 박근혜의 대척점에 서 있던 사람이었던지라 우리 의원실은 태극기 부대의 주요 표적이 되었다. 터무니없는 뉴스가 나오고 있는데 대응을 못 했다며 의원은 노발대발하는데 나로서는 딱히 뾰족한 수가 없었다. 미국 정부도 못 막는 걸 스물아홉 살짜리 문과 출신 비서가 어떻게 막나. "신문도 종편도 믿을 수 없다"라며 유튜브로 몰려든 태극기 부대는 우리나라에서만 볼 수 있는 특이한 유튜브 소비구조를 만들었다. 젊은 층 사용 인구가 많고 연령이 높아질수록 감소하는 다른 나라와 달리, 10~20대는 많지만 30~50대는 적고 다시 60대 이상에서 늘어나는 기형 구조가 만들어진 것이다. 2018년을 기점으로 전 연령층에 보편화되기 전까지는 유튜브가 보수 우파의 '서플라이 디포 (supply depot)' 역할을 했다. 물론 지금도 뉴스 분야에서 보수 우위는 변하지 않았다.

미국 아이비리그 대학생들의 교류를 위해 만들어진 페이스북은 그 목적에 걸맞게 끼리끼리 소통하는 게 특징이다. 내 주장에 반대하는 사람은 처음부터 친구를 맺지 않아도 되고, 혹여나 그렇더라도 얼마든지 타임라인에서 배제하는 것이 가능하다. 페이스북은 나와 비슷한 주장을 하는 사람들의 목소리로 가득해진다.

유튜브는 시청 시간을 극대화하기 위해 사용자들에게 맞춤형 동영상을 제공한다. 내 맞춤 동영상은 대부분 동방신기의 발라드 무대 영상으로 채워진다. 이것은 유튜브 알고리즘이 내가 어떤 가수의 어떤 곡들을 좋아하는지 이미 파악하고 있기 때문이다. 내 유튜브 화면에서 다른 주제의 동영상은 거의 제공되지 않고, 심지어 동방신기의 곡들이라고 해도 댄스 장르는 잘 안 나타난다. 가끔 내가 동영상을 클릭하지 않아도, 섬네일을 유심히 보기만 해도 그것과 연관 있는 콘텐츠들이 추천되면 무섭기까지 하다.

내가 좋아하는 것들로만 가득한 세상. 대부분의 소셜미디어가 구축하는 세계는 이런 것이다. 우리는 이러한 편향성이 편리한 것이라고 느낀다. 먹방이나 게임 방송같이 일상의 영역이라면 큰 문제가 안 되겠지만 정치·사회의 영역으로 넘어가면 이야기가 달라진다.

사람들은 조선일보나 한겨레신문이 편향되었다고 비판하지만, 소셜미디어들에 비할 바가 아니다. 진보·보수의 차이는 있을지언정 기존 언론은 자사의 신뢰도를 위해서라도 팩트 체크는 제대로 한다. 안 그랬다간 많은 돈과 인력을 쏟아부어 만든 회사가 망할 수 있기 때문이다. 그러나 유튜브 같은 소셜미디어는 다르다. 진입장벽이 낮아 누구든 뉴스를 생산할 수 있고 망하더라도 그 피해가 크지 않다.

선입견을 뒷받침하는 주장을 선택적으로 수용하는 현상을 확증편향이라고 한다. 쉽게 말해 보고 싶은 것만 보고, 듣고 싶은 것만 듣는 현상이다. 이것은 정보의 객관성과는 무관하다. 사람들은 자신에게 얼마나 제대로 된 정보를 제공하고 있는가를 기준으로 미디어를 판단하기 때문이다. 진보적인 사람들은 가짜 뉴스가 조선일보보다, 보수적인 사람들은 가짜 뉴스가 한겨레신문보다 더 객관적이라고 느낄 것이다.

가짜 뉴스는 이런 환경에서 서식하고 성장한다. 소셜미디어처럼 끼리끼리 네트워크를 이루는 환경은 중립지대를 허용하지 않는다. 반대 목소리는 두들겨 맞고 침묵한다. 하지만 사람들은 그게 깊이 생각하고 충분히 논의하는 숙의민주주의라고 착각한다. 내가 접하는 뉴스 대부분이 비슷하다면 그중에서 가짜를 선별하는 것은 매우 어려운 일이 된다. 가짜 뉴스가 진짜 뉴스가 되고 진짜 뉴스가 가짜 뉴스가 된다.

설령 진짜 뉴스라 하더라도 확증편향의 세상은 전혀 바람직하지 않다. 우리가 보고 싶은 것만 보고 산다면 정서적으로 부족사회를 이루는 것과 다를 게 없다. 공동체에 대한 배려와 이해는 사라지고 소수의 아군과 다수의 적군만이 남는다. 사람들 사이의 장벽은 더욱 높아질 것이다. 친구와 같은 카페에 앉아있더라도 전혀 다른 세상에 살게 되는 셈이다.

확증편향이 심해지면 공적 권위가 무너진다. 선동가적 기질을 가진 개인이 오히려 신뢰를 얻게 된다. "가만히 있는데 폭행을 당했다"라고 주장하는 사람의 말은 믿으면서도 "CCTV를 확인한 결과 사실이 아니다"라는 경찰의 발표는 불신하게 되고, 컴퓨터와 CCTV, 휴대폰 기록에서 온갖 증거가 나와도 "증거가 한 개 나오지 않았다"라며 검찰의 수사 자체를 부정하게 된다. 급기야 "검찰이 문제"라는 프레임으로 옮겨가기도 한다. 검찰 개혁이나 수사권 조정 등에는 동의하지만, 제아무리 부패한 집단이라도 눈에 보이는 증거마저 조작할 수 있는 시대는 아니다.

우리는 타인과의 소통을 위해 소셜미디어를 이용한다. 하지만 그게 진정한 소통인지는 의문이다. 보고 싶은 것만 보고, 듣고 싶은 것만 듣고, 말하고 싶은 대로 말할 수 있는 세상에서 상대방에 대한 이해와 배려, 대화와 타협이 설 자리는 없다. 소셜미디어에서 시작된 양극화는 현실 정치를 거치며 증폭된다. 의견의 다양성은 실종되고 모든 문제가 힘겨루기로 해결될 때, 우리는 더 저렴해진 정치를 마주하게 될 것이다.

좋다. 내가 좋아하는 뉴스만 볼 수도 있다고 치자. 하지만 적어도 나에게 맞춰진 똑같은 뉴스만 보면서 "맞다, 내가 옳았다" 하며 자만하진 말자. 그것도 정신병이다.

옛날에 동방신기의 〈Rising sun 쇼케이스〉 무대를 보면서 이런 생각을 했다. "멋있네. 나도 나중에 뭐 발표할 때 저렇게 쇼케이스라고 해야지." 그래서 청년정치크루를 시작한 이후 '정책 쇼케이스'를 열었다.

비정기적으로 개최하는 정책 쇼케이스는 청년정치크루의 시그니처 이벤트다. 마치 가수들이 새로 나온 앨범을 팬들에게 처음 알리듯, 우리를 지지해주시는 분들에게 그동안 준비한 정책 콘텐츠를 공개한다. 정책의 필요성·내용·반영계획 등을 설명하고 의견을 구한다. 사실 정책 간담회라고 해도 될 것을 군이 쇼케이스라고 하는 건 내 개인적인 욕심 때문이다.

첫 번째 정책 쇼케이스는 2017년 7월 열었다. '취업사기방지법'이 주제였다. 특히 승무원 학원 업계에서 가끔 발생하는 취업 사기를 미리 방지하기 위한 내용을 담았다. 외국 항공사들은 대체로 우리나라에 지사가 없어서 한국인 승무원을 뽑을 때 승무원 학원에 채용을 위탁한다. 학원들은 '무슨 무슨 항공 대비반' 수업을 개설하고 적게는 수십, 많게는 수백만 원을 받는다. 배우는 게 뭐 있는 것은 아니지만 면접을 보려면 반드시 그 수업을 들어야 하기에 승무원 지망생들은 울며 겨자 먹기로 수업료를 지불한다.

문제는 애초에 없는 채용을 속여서 수업을 개설하는 경우가 종종 있다는 것이다. 수강생들이 "왜 최종면접 일정이 늦어지느냐"라고 항의하면 "한중관계 악화로 본사에서 채용을 지연하고 있다" 하는 식의 핑계를 댄다. 누군가가 본사에 문의하니 "그런 채용을 실시한 적이 없다"라는 답변이 돌아왔다.

우리는 환경노동위원회 소속 의원실과 노동 담당 기자들을 만나 자문을 구했다. 관련 법도 찾아보았다. 구직자가 요청할 경우 채용 대행 위탁을 받은 곳(승무원 학원)은 그 사실을 증명할 수 있는 서류를 제시해야 한다는 내용으로 정책을 마련했다. 쉽게 각인되기 위해 취업사기방지법이라는 이름을 붙였다.

정책 쇼케이스를 앞두고 언론에 보도 자료를 배포하는 한편, 정당 관계자들을 초대했다. 우리에게 처음 연락을 준 외국 항공사 승무원분들도 모셨다. 언론만 타면 대박이 나겠다는 기대에 잠을 이루지 못했다.

행사는 성공적이었다. 많은 분이 참석해 의견을 주셨고, 모르는 분들도 꽤 와주셨다. 하지만 결과적으로 기사는 하나도 나가지 못했다. 사실 무명의 청년들이 주최하는 정책 간담회 기사를 써주는 언론은 거의 없다. 기록은 남겨야 했기에 모 인터넷 언론에 시민 기자 자격으로 기사를 게재했다. 기사는 훗날 청년정치크루가 정치권에 어느 정도 알려지고 나서야 정책 쇼케이스를 열기도 했다는 식으로 보도되었다.

그런데 같은 날 한 여자 연예인의 기사를 보고 나서 허탈감이 밀려왔다. 그녀는 BB탄 사격장을 방문해 사격하는 모습이 담긴 사진을 인스타그램에 올렸는데 "남심 저격" 등의 제목을 단 기사들이 줄줄이 쏟아진 것이다. 한 달은 고생한 정책이 연예인의 BB탄 총 사격에 밀리는 현실이라니. 그때 느꼈던 현타가 지금도 생생하다.

언론이 기사를 보도할 땐 주로 여섯 가지 요소를 고려한다. 저명성, 갈등성, 근접성, 신기성, 시의성, 영향성이다. 이것을 뉴스 밸류(news value)라고 한다. 사전적 의미로는 "사건이나 정보 따위가 뉴스거리로 적합한지를 판단할 수 있는 근거가 되는 가치"이다. 여섯 가지 요소 중에서도 가장 중요한 가치는 단연 저명성이다. 새로울 것도 없다. 사람들은 모르는 사람이 겪는 심각한 사건보다 유명한 사람의 시시콜콜한 이야기에 관심이 더 많지 않은가. 아마 내가 조금 더 유명했더라면 취업사기방지법이 그렇게 묻히지는 않았을 것이다.

정치부 기사에서는 저명성이 더욱 요구된다. 초·재선 의원들이 제아무리 좋은 정책을 내더라도 언론은 좀처럼 다뤄주지 않는다. 반면 중진 의원들의 발언은 하나하나가 헤드라인을 장식한다. 더불어민주당의 이철희 의원처럼 초선이더라도 유명한 정치인들의 말은 비중 있게 실린다. 그래서 초·재선 의원들은 인지도를 높이기 위해 자극적인 말들을 쏟아낸다. 기자들 면전에서 "이러니까 기레기 소리 듣는 거다"라는 말도 서슴지 않는다. 때로는 유력 정치인들에게 묻어가기도 한다. 우리 언론의 정치면을 장식하는 뉴스는 대체로 이런 것들이다.

제20대 국회의원들은 임기 시작 이후 2020년 1월까지 약 4년 동안 2,497건의 법안을 통과시켰다(정부발의안 제외)*. 이 중 건수를 늘리기 위해 법조문 단어만 바꾼 허접한 법안을 제외하더라도 무려 1,500건이 넘는 법안들이 통과되어 우리의 삶에 작용하고 있다. 하지만 유치원 3법이나 민식이법처럼 우리가 기억하는 것은 많지 않다. 그만큼 언론에서 다뤄지지 않기 때문이다. 물론 기사로 낸다 한들 재미없다는 이유로 국민 역시 외면할 가능성이 높다. 하지만 그렇다고 정치인이 여기

---

* 뉴스타파, "[국회작동법 1부] ②20대 국회 가결법안, '건수 늘리기'용 15%", 2020.01.22.

어그로꾼이 된 정치인들

에 편승해서는 안 된다.

많은 정치인이 "내 기사는 부고 빼고 다 좋다"라고 생각한다. 일단 인지도를 높이고 보자는 심산이다. 막말하고 갈등을 양산한다. 때로는 대통령과 당의 돌격대장을 자처하기도 한다. 단지 유명하다는 이유로 이런 사람들을 뽑아주면 안 된다. 적어도 정치인을 고를 땐 인지도에서 오는 친숙함을 버려야 한다.

종종 친한 기자들이 청년정치크루의 행사들이 기사로 나가지 못하는 것을 안타까워하며 이렇게 말해준다. "정치인 한 명 축사로 부르지. 그럼 내가 데스크(정치부장)에 말해서 어떻게 써볼 텐데." 어떻게든 도와주려는 마음이 감사하긴 하지만 나는 항상 이렇게 대답한다. "오래 걸려도 정치인한테 안 묻어가고 그냥 제 모습 보여주려고요." 권력자에 편승하거나 어그로를 끌지 않더라도 좋은 정책을 만들기 위해 노력하는 정치인이 성공한다는 걸 언젠가는 보여주고 싶다.

'적당히'가 사라진 낡은 정치

'우라까이'가 양산하는 클론들

대학교 때 내 생활 패턴은 그리 다양하지 않았다. 수업을 다 들으면 바로 집으로 돌아왔다. 아니면 아르바이트나 과외를 했다. 이따금 〈온게임넷 스타리그〉를 직관하러 가기는 했지만 그 외에는 취미가 별로 없었다. 친구도 많지 않아서 공강 시간에는 책이나 신문을 읽었다.

한번은 옆에 앉은 선배가 읽던 신문을 흘끗 보고 깜짝 놀란 적이 있다. 분명 나와 같은 신문이고 날짜도 같았는데 1면이 전혀 달랐기 때문이다. 언론사에서 인턴 기자를 한번 했던지라 '판갈이'라는 개념을 알고는 있었는데 막상 눈으로 확인하니 정말 신기했다. 집에서 받아 본 신문과 가판대에서 사서 본 신문의 차이다.

신문은 하루에 한 번만 만들어지는 것이 아니다. 가장 먼저 초판이 나오고 이후 두 시간 정도 간격으로 기사를 빼거나 추가해서 신문지면을 업데이트하는 데, 이것을 판갈이라고 한다.

어그로꾼이 된 정치인들

보통 초판은 발행되자마자 가장 먼 지역으로 배송되고, 제일 마지막에 나온 판은 서울 전역에 뿌려진다.

이러한 특성 때문에 예전에는 가판 문화가 있었다. 저녁 먹을 즈음 발행되는 신문을 '가판 신문'이라고 했는데, 이걸 보는 이들은 주로 경쟁 언론사나 기업 홍보실이었다. 홍보실은 자사에 안 좋은 기사가 실리면 로비와 압력을 넣기 위해, 경쟁 언론사들은 자기들이 혹여나 놓친 기사가 있는지를 확인하기 위해 가판 신문을 읽었다.

가판은 눈치 싸움과도 같았다. 지금이야 모두가 인터넷으로 기사를 접해서 상관없지만, 신문으로 뉴스를 접하던 시절에는 만에 하나 빠뜨리는 기사가 있으면 하루가 늦어졌기 때문이다. 그래서 기자들은 경쟁지의 가판을 확인한 뒤 누락된 기사를 베껴 썼다. 표현만 살짝 바꾼다든지 똑같은 취재원에게 보강 취재차 확인 전화를 거는 스킬이 동원되곤 했다. 판이 거듭될수록 기사가 비슷해지는 웃지 못할 현상이 생기기도 했다.

종이가 아닌 인터넷이 소식 전달의 주요 채널이 된 오늘날도 다르지 않다. 언론인들은 종종 놓치는 기사를 '언론사의 언론사'인 통신사, 예를 들어 연합뉴스나 뉴스1 등으로부터 받아 쓰고 있다. 이처럼 취재하지 않고 남의 기사를 베껴 쓰는 관행을 언론계에선 '우라까이'라고 한다.

'적당히'가 사라진 낡은 정치

사실 우라까이라는 일본어는 없다. 같은 일을 다시 하다는 뜻의 '우라오카에스(裏を返す)'에서 온 단어일 것으로 추측할 뿐이다. 가판 문화는 사라졌지만 속보 경쟁은 여전하기 때문에 우라까이 역시 사라지지 않았다. 사실 여부를 확인하기 힘들 만큼 긴박한 사건이 발생하면 일단 기사를 베껴서 내보낸다. 언론이 동시다발적으로 사고를 치는 것은 이로 인해서다.

우라까이 문화가 대형 사고를 친 건 세월호 사건 때다. 세월호가 침몰하고 있던 2014년 4월 16일 오전 11시 전후로 "단원고생 전원 구조"와 같은 보도들이 쏟아졌다. 한 방송사가 관계자의 말만 인용해서 "전원 구조"라는 오보를 냈는데, 나머지 언론들이 줄줄이 베껴 쓴 것이다. 첫 보도를 한 방송사도, 따라 쓴 언론사들도 제대로 사실 확인을 하지 않았다. 남들 다 쓰는데 나만 놓칠 순 없다는 조바심이 컸을 것이다. 결국 언론인 모두가 온갖 오명을 뒤집어써야 했다.

세월호 사건처럼 큰 재난이 없어서 그렇지 속보 경쟁에서 비롯하는 우라까이 문화는 여전히 바뀌지 않았다. 이는 자극적 뉴스를 생산해 조회 수를 올리려는 선정주의와 맞물리며 더욱 큰 파급효과를 낳기도 한다. 특히나 요즘엔 온라인 커뮤니티들까지 가세해 특정 보도가 삽시간에 퍼지고 쟁점화된다.

여기서 빼놓을 수 없는 것이 젠더 갈등이다. 젠더 갈등은 점

어그로꾼이 된 정치인들

화성이 강한 탓에 언론이 좋아하는 소재다. 논란의 여지가 있는 기사가 한번 올라가면 댓글 창은 난장판이 된다. 건대 240번 버스 사건, 이수역 폭행 사건, 윤지오 사건들이 그랬다. 혐오 범죄니 하며 숱한 우라까이 기사들이 양산되었다. 언론 입장에선 트래픽을 높이고 광고 수익을 올릴 수 있으니 남의 기사를 따라가지 않을 이유가 없다. 심지어 일부 정치인들은 거기에 편승해 말을 거들기도 했다. 그러나 이 사건들이 모두 허위로 밝혀졌을 때 전면에 나섰던 정치인들은 대부분 침묵했고, 사과한 언론은 없었다. 사건은 봄날의 벚꽃같이 한순간에 사그라들었다.

휘발성은 강한데 아무도 책임지지 않는다는 건 엄청나게 무서운 것이다. 근거 없는 의혹 보도가 우라까이 되어 삽시간에 확산되더라도 사실이 아닐 경우 '아니면 말고' 식으로 덮어버릴 수 있기 때문이다. 정치인들도 신나게 재미 보다가 입 싹 닫고 언제 그랬냐는 듯 다른 이슈로 갈아탄다. 그때는 치고 박고 싸운 국민만 바보가 된다.

이런 현상은 앞으로 더 심해질 가능성이 높다. 인터넷 매체 수는 점점 늘어나고 있고 뉴스를 접하는 사람들의 라이프 스타일도 변하고 있다. 신문이나 방송은 그래도 기본적인 취재는 하지만 영세 인터넷 언론들은 그저 남의 기사를 베껴 쓰는 경우가 허다하다. 우리 사회는 더욱 뜨겁게 달아올랐다가 한 순간에 식을 것이다. 언론은 손쉽게 글을 쓰고 높은 조회 수를 챙길 수 있으니, 정치인들은 단기간에 인지도를 높일 수 있으니 여기에 편승할 것은 불 보듯 뻔하다. 피곤해지는 건 우리다.

그렇다고 우라까이를 규제할 수도 없다. 법적으로 심지어 도덕적으로도 문제가 된다고 보기는 어렵다. 대체로 언론사들은 연합뉴스 같은 통신사에 합당한 비용을 지불하고 기사를 받아서 쓴다. 언론인의 자질을 지적할 수는 있어도 그걸로 도덕적 책임을 요구할 수는 없다. 결국 우리가 경각심을 갖고 세상을 바라보는 한편, 뜨겁게 달아오른 이슈도 신중한 이성으로 바라보는 것밖엔 답이 없다. 다짜고짜 의견 표명하고 쌍욕을 남발할 게 아니라 '중립 기어를 넣고 보는' 습관을 들여야 한다.

어그로꾼이 된 정치인들

PART 3

상식적인
정치를 위해서

평범한 사람들의 정치

슈퍼맨은 돌아가라

남녀불문하고 샤기컷·울프컷 머리를 하던 시절, "이게 다 노무현 때문이다"라는 유행어가 있었다. 경제나 부동산, 남북 관계는 물론 온갖 데서 '노무현 탓'을 하는 것이 하나의 문화였다. 축구 국가대표팀이 2006 독일월드컵 조별 예선에서 탈락해도, 토지 보상에 불만을 품은 노인이 숭례문에 불을 질러도 노무현 탓이라고 했다. 진짜 그렇게 생각하는 사람은 거의 없었겠지만, 모든 걸 대통령 탓으로 돌리는 게 유행했던 것은 그만큼 많은 국민이 '모든 일을 다 해결할 수 있는 존재'로 대통령을 바라보았기 때문이다.

앞선 4장에서 언급한 대로 우리 국민은 대통령에게 슈퍼히어로의 역할을 기대한다. 대통령은 '하늘이 내린 반인반신(半人半神)'이 되어 국민의 먹고사는 문제를 해결하고 사회 곳곳의 갈등도 풀어야 한다. 때로는 양립할 수 없는 문제를 동시에 해결하라고 한다. 카리스마 리더십을 선보인 대통령들을 선호

평범한 사람들의 정치

하는 현상 이면에는 이런 정서가 깃들어있다.

과거엔 이게 불가능하지만은 않았다. 나라의 규모는 작았고 사회가 요구하는 의제들은 많지 않았기 때문이다. 언론이나 시민사회의 감시도 덜했다. 그래서 대통령들은 자기 철학에 따라 뭐 하나만 잘 해결하면 되었다. 그것만 성공해도 국민의 뇌리엔 전지전능한 슈퍼맨으로 각인될 수 있었다.

하지만 이제는 다르다. 대한민국의 국민경제는 비대해졌고 각 분야의 기술은 더욱 전문화되었다. 사회적 갈등도 복잡다단해졌다. 예전엔 민주 대 독재 혹은 영남 대 호남의 갈등이 주를 이뤘다면 이제는 연령에 따라, 성별에 따라, 소득에 따라, 심지어 주거 형태에 따라서도 갈등을 빚는다. 한 사람의 의사결정으로 이 모든 일을 해결할 수는 없다. 대통령 한 명이 북핵 문제에 정통하면서도 가상화폐나 모빌리티의 미래를 제대로 내다보고, 거기에 더해 신종 전염병에 대한 식견 또한 갖추고 있길 기대하는 것은 무리다. 그래서 시스템을 잘 구축하고 인재를 적재적소에 배치해야 한다. 하지만 정치인들은 그렇게 하길 원하지 않는다. 자기 권한을 기꺼이 남에게 내어주고자 하는 사람은 없다. 본인이 임명한 장관의 일에 사사건건 간섭하는 것은 그러한 이유에서다. 장관은 부처의 수장이기보다는 대통령의 부하가 된다. 그렇게 대통령 혼자 모든 일을 해결하려다가 모든 일을 그르치는 역사는 반복된다.

우리나라는 대통령제를 채택하고 있는 나라 중에서도 유독 개인의 지배 정도가 심하다*. 제왕적 대통령제를 바꿔야 한다는 목소리가 예전부터 끊이지 않았다. 그럼에도 바뀌지 않는 것은 이미 권력을 잡고 있는 정당들이 그렇게 할 생각이 없기 때문이다. 이것은 여야와 상관없다. 여당은 당장 가진 권한이기 때문에 놓을 생각이 없고, 야당은 언젠가 본인들이 되찾아올 권한이라는 생각에 굳이 손댈 의사가 없는 것이다. 하지만 여야의 권력 다툼, 자리 쟁탈전에서 등 터지는 건 결국 우리라는 사실을 잊어선 안 된다.

우리가 반성해야 할 대목도 있다. 비단 정치뿐만이 아니라 사회 전반에서 영웅의 탄생을 염원하고 거기에 열광했던 것은 우리이다. 하다못해 수영이나 피겨스케이팅 같은 스포츠 영역에서도 인재가 성장할 환경을 만들고 양성하기보다는, 박태환·김연아 같은 천재의 등장을 기다리지 않나. 우리의 마음속에는 여전히 박정희·김영삼·김대중·노무현 같은 영웅적 인물의 등장을 고대하는 심리가 자리 잡고 있다. 이걸 버리지 못하면 제왕적 대통령제의 비극은 계속될 것이다.

---

* 강원택, 『어떻게 바꿀 것인가』, 이와우, 2016.

제아무리 스타플레이어라도 한 사람이 하드 캐리를 하는 팀은 반드시 망한다. 설령 그런 사람이 등장한다고 해도 5년일 뿐이다. 더 이상 슈퍼히어로로는 필요 없다. 이제는 제대로 된 시스템을 만들어야 할 때다.

젓가락은 죄가 없다

2016년 실시된 제20대 국회의원 선거에서 뜬금없이 젓가락이 화제가 되었다. 한 지역 후보자가 선거사무실을 방문한 유권자들에게 김밥과 함께 젓가락을 제공했는데 "젓가락과 함께 줬으니 식사를 대접한 것이다"라는 논란이 인 것이다. 우리나라 공직선거법은 후보자가 유권자들에게 차나 김밥, 과자 같은 간식은 제공할 수 있지만, 밥을 사는 것은 향응으로 간주해 엄격히 금지하고 있다. 은박지에 대충 싸서 주었더라면 문제가 안 되었을 김밥이지만 젓가락이 등장한 것이 화근이었다. 논란이 커지자 중앙선거관리위원회가 "잘못된 정보"라고 선을 그으며 일단락되었지만 정치권에서는 "김밥은 이쑤시개로 찍어먹어야 한다"라는 우스갯소리가 나돌았다. 그만큼 세세한 것까지 규제하는 공직선거법에 불만을 토로하는 목소리가 높아졌다.

우리나라 공직선거법은 정해진 기간에, 정해진 장소에서, 정해진 사람만이, 정해진 방식으로만 선거운동을 진행할 수 있게 규정한 것이 특징이다. 예컨대 선거운동을 하며 흔드는 홍보용 피켓을 팔이 아파서 땅바닥에 내려놓아도 선거법 위반이다. 공직선거법이 모자나 옷, 피켓·소품 등은 몸에 '붙이거나 입거나 지니고' 선거운동을 하도록 규정(제68조)하고 있기 때문이다. 후보자들이 나누어주는 명함의 크기까지 일일이 규제하고 있다. 젊음을 어필하는 청년정치인들마저 이름이 큼지막하게 프린트된 옷을 입고 유세차 앞에서 명함이나 나누어주는 것은 그들이 아이디어가 없어서가 아니다. 할 수 있는 게 그런 것들밖에 없기 때문이다.

우리나라 선거는 돈과 조직 없이는 선거를 치르기 어렵다. 피해자는 당연히 청년을 비롯한 정치 신인들이다. 참신한 아이디어로 승부를 보려 해도 어지간한 것들은 대부분 선거법을 위배하기 때문이다. 기성 정치인들의 돈, 물량 공세에 당해낼 재간이 없다.

게다가 사전선거운동을 금지하는 조항도 청년들의 정치활동을 억압한다. 일상이 선거운동인 정치인들과 달리 도전자들은 법이 정한 기간(국회의원 선거 14일)에만 진행할 수 있다. 후원금 모금도 다르지 않다. 극단적으로 비유하면 4년 내내 선거운동을 하는 정치인과 14일만 선거운동을 할 수 있는 청년

상식적인 정치를 위해서

들의 대결인 셈이다. 정치권에서 이를 이야기 하는 사람은 거의 없다. 언론에서도 잘 다뤄지지 않는다. 앞서 정치의 기득권은 지역구에서 나오기 때문에 청년들이 지역구에 도전하고 이를 깰 수 있는 제도적 토양이 중요하다고 주장했다. 나는 그 제도적 토양이 바로 선거운동에 관한 조항이라고 생각한다.

만약 리버풀FC와 맨체스터 유나이티드FC가 축구경기를 한다고 했을 때, 경기 규정을 맨체스터 유나이티드에 소속된 선수들이 만들도록 하면 어떻게 될까? 아마 리버풀은 절대로 그들을 이길 수 없을 것이다. 맨유 선수들이 바보가 아닌 한 자신들에게 유리하게 규정을 설계할 것이기 때문이다. 하지만 그랬다간 비상식적인 잉글랜드 축구협회의 처사에 영국 전역에서 폭동이 일어날 것이다. 그런 일이 우리 국회에서는 용인되고 있다.

우리나라와 일본을 제외한 대부분의 민주주의 선진국에서 선거법은 매우 관대하고 유연한 편이다. 미국처럼 자유주의에 충실한 나라는 금액의 상한마저 없지만, 다수는 금액에는 제한을 두되 방식에는 제한을 두지 않는다. 후보자들은 돈과 조직이 아닌 아이디어와 비전으로 승부한다. 흔히 정해진 것만 해야 하는 것을 포지티브 방식이라고 한다. 반대로 몇 개만 못하고 나머지는 자유롭게 열어두는 것을 네거티브 방식이라고 한다. 국가가 정치와 경제, 사회 전반을 주도할 때에는 포지티브 방식이 유효할 수 있었을지 몰라도 이제는 시대가 변했다. 선거도 마찬가지다. 정치 개혁은 선거 개혁에서 시작된다. 공무원의 선거 개입이나 금품 살포 등 악질적인 선거법 위반만 금지하고 나머지 것들을 열어둔다면, 청년들의 창의와 다양성이 정치권에서도 꽃 피울 수 있지 않을까? 네거티브 선거법이 필요한 때다.

국회에서는 의원총회라는 회의가 종종 열린다. 흔히 '의총'이라고 하는 그 회의는 정당별로 의원들이 전부 모여서 중요한 사안에 관해 논의한다. 선거 제도처럼 중점 법안을 어떻게 처리할 것인지, 대통령 측근의 비위 사실처럼 논란이 되는 사안에 어떤 방식으로 대응할 것인지 등의 이야기가 오고 간다. 의총은 보통 공개회의로 시작한다. 당 지도부가 기자들에게 메시지를 전달하기 위해서다. 그리고 이내 비공개로 전환한 뒤 당의 전략을 수립하는 것이 보통이다. 나도 이따금 국회 안에 있다가 시간이 맞으면 여러 정당의 의총을 들어가 본다. 뉴스에서는 접할 수 없는 분위기를 감지할 수도 있다.

의총 비공개회의는 보통 국회의원과 소수의 당직자만 들어갈 수 있다. 보좌진도 출입이 엄격히 제한되기 때문에 내용을 직접 들을 수는 없다. 대통령 탄핵소추안처럼 갈등이 폭발하는 시점에서는 의원들 사이에서 쌍욕이 오가기도 한다. 종종 의총을 한다고 하면 카메라 없는 곳에서 의원들끼리 무슨 이야기를 하는지 궁금할 때가 많다. 아마 정치인들 수준을 제대로 볼 수 있는 자리일 것이다.

의총의 가장 중요한 기능 중 하나가 당론을 정하는 것이다. 당론은 말 그대로 당의 입장을 의미한다. 예를 들어 고위공직자범죄수사처(공수처) 설치 법안이나 연동형 비례대표제 도입 등 중요한 사안을 두고 당이 어떤 스탠스를 취할지를 결정한다. 당론으로 반대가 정해지면 의원들은 모두 반대표를 던져야 한다. 당론을 거스른다고 해서 처벌받는 것은 아니지만 동료 의원과 지지자들의 따가운 눈총을 받을 각오를 해야 한다. 자칫 잘못하다간 다음 선거 때 공천을 위협받을 수도 있다. 공수처 설치 법안에 기권표를 행사했다가 배신자라는 비난 세례를 받은 금태섭 의원이 대표적이다.

국회의원은 개개인이 국민의 투표로 선출한 헌법기관이다. 그들은 정당의 일원이기 이전에 국민의 대표다. 헌법이 국회의원의 여러 가지 자율성을 보장하는 것은 그만큼 눈치 보지 말고 국민의 목소리를 대변하라는 이유에서다. 나는 소속 정당과 진영에 얽매이지 않고 법안 표결에 임할 권리가 의원들에게 있다고 생각한다.

상식적인 정치를 위해서

하지만 정당들은 그것을 용납하지 않는다. 첨예하게 대립하는 정책일수록 당론을 강제하고 표 단속에 들어간다. 설령 그게 국민 의사에 반하는 것이라 할지라도 그렇다. 2015년 말 논란이 일었던 국정교과서가 그랬다. 아마 새누리당 스스로에게도 도움이 안 되었을 것이다. 그럼에도 당론을 밀어붙이는 건 정당이 국회의원을 '국민을 대표하는 헌법기관'이 아닌, '정권 사수(또는 쟁취)를 위해 싸우는 전사'로 보기 때문이다.

당론이 어떤 법안을 일방적으로 몰아붙여 원하는 바를 관철할 수는 있어도 사회적 갈등을 중재하고 해결할 수는 없다. 당론으로 결정하는 법안이 많아질수록 정당 간 대화와 타협의 여지는 줄어든다. 반대를 위한 반대는 만연할 것이다. 정당과 그 지지자들은 좋을지 몰라도 국민은 허구한 날 싸우는 국회를 바라봐야 한다.

내가 뽑은 국회의원이 진영에 얽매이지 않고 사회적으로 꼭 필요한 일을 하도록 하려면 우선 정당 문화를 바꿔야 한다. 정당이 '국민의 대표'에게 공천권으로 협박하면서 당론을 강요하는지, 아니면 방향은 함께 하되 개인의 선택을 존중하는지 지켜보는 것만으로도 충분하다.

평범한 사람들의 정치

더불어민주당의 전신인 열린우리당에 장향숙이라는 국회의원이 있었다. 장애인으로서 장애 인권 운동을 폈던 그녀는 비례대표 1번을 받아 국회에 입성했다. 나는 청소년의회 활동을 하며 장향숙 의원실과 연이 닿았다. 개인적으로 정책을 하나 추진하고 있었는데, 그 내용이 중·고등학교 내 장애인 편의시설 설치를 의무화하는 것이었기 때문이다. 특수학교가 지금보다 더 없던 시절, 장애를 지닌 학생들은 학교에 가기 위해 부모님의 도움을 빌려 엄청나게 먼 곳으로 등교해야만 했다. 나는 경사로나 손잡이 등 장애인 시설을 학교에 의무 설치해 이들이 적어도 이 정도 기초적인 시설이 없어서 먼 곳까지 가야 하는 일은 없어야 한다고 주장했다. 청소년의회에서는 내가 짱(의장)이었기 때문에 별다른 반대 없이 핵심 정책 중 하나로 선정했고, 이걸 바탕으로 장향숙 의원실에 연락했다.

지금 와서 보면 장향숙 의원도 대단했다는 생각이 드는 게, 제아무리 정부 후원으로 운영되고 있는 곳이라고 해도 청소년 의회라는 이름조차 생소한 기관에서 고등학교 2학년생이 찾아와 법안을 이야기하는데 일일이 다 들어주었기 때문이다. 장 의원은 자신의 오피스텔로 나를 초대해 정책은 어떻게 만들고 어떤 것을 고려해야 하는지를 꽤 긴 시간 설명해주었다. 보좌관과 비서를 따로 만나 이야기를 나누게 해주기도 했다. 비록 이후 열린우리당의 상황이 안 좋아지고 개인적으로도 고3이 되며 법안 발의까지는 실패했지만, 나는 그 과정에서 많은 것을 배울 수 있었다. 정치란 이런 것이구나. 정책은 이렇게 만들어야 하는구나. 그때의 자산이 10년이 지난 뒤 청년정치크루를 시작할 수 있는 밑거름이 되었다.

청년정치크루를 시작하면서 제법 많은 강연을 다니게 되었다. 민주시민 교육이라는 새로운 개념이 생겨났다. 과거에는 하나밖에 없던 청소년의회가 이제는 각 지방자치단체나 교육청 단위마다 생겨났다. 나를 강사로 부른 관계자들은 대체로 현실 정치에 몸담은 입장에서 정치에 왜 참여해야 하는지 설명해주기를 기대한다. 물론 기본적으로 그런 이야기도 하지만, 아무래도 이론이나 개념보다는 경험을 들려주는 편이 더 재미있게 다가가지 않을까 하는 생각에 학창 시절의 이야기를 종종 하곤 한다. 어떻게 정책 아이디어를 발굴해 이를 국회의원들에게 제안했고, 어떤 식으로 기자회견을 열어 이슈화해야 하는지를.

얼마 전 있었던 선거법 개정으로 선거권이 만 19세에서 만 18세로 내려가면서, 민주시민 교육을 담당하는 기관의 발등에는 불이 떨어졌다. 만 18세에는 고3도 일부 포함되기 때문에 학교가 정치판이 될 수 있다는 우려에서다. 실제로 한 고등학교에서는 학생과 교사가 반일운동 이슈로 갈등을 빚었고, 그 교사가 학생에게 "일베냐"라는 식으로 나무라면서 문제가 커졌다. 이것은 민주시민 교육을 정치적 사안과 엮어서 바라보기 때문에 생기는 일이다.

내가 학교에 다니던 때에도, 그리고 요즘도 그런 교사들은 진보와 보수를 불문하고 있다. 자신의 정치적 성향을 은연중에 강요하고, 반대하는 학생들을 싸잡아 매도하는 사람들 말이다. 하지만 학생들이 교사의 의견에 동조한다고 한들, 그것이 그들 인생에 크게 도움이 되지는 않으리라 본다. 오히려 친구들하고 정치 이야기하면서 싸우는 '정치병자'나 안 되면 다행이다.

민주시민 교육의 목적은 말 그대로 민주 시민을 양성하는 것이다. 교육과정에서 체득한 지식과 경험이 사회에 나갔을 때 내 삶을 지키는 도구가 되어야 한다. 국가로부터 내 권리를 침해당하고, 회사로부터 갑질을 당했을 때 스스로 목소리를 낼 힘 말이다. 하지만 오늘날의 민주시민 교육은 어른들이 중요하다고 여기는 의제들, 예를 들어 남북통일, 반일운동 같은 이슈들이 주를 이룬다. 정작 학생들은 "LH에 산다"라며 놀림받고 어른들은 놀이터에 울타리 치고 있는 상황에서, 남북통일이나 민족주의 같은 거대 담론이 와닿을 리 없다.

한번은 민주시민 교육과 관련한 선생님들의 연구모임에 초대되어 강의한 적이 있다. 그때 이야기한 해답에 참석한 선생님들이 크게 공감해 주셨다. 답은 간단했다. 가르치고 싶은 것만 가르치지 마시고, 학생들이 심각하다고 여기는 문제들을 스스로 해결해나갈 수 있도록 도와주시라고. 우리나라 청소년들은 현명하니까 믿고 맡겨보시라고.

사우디아라비아의 유력 언론인 자말 카슈끄지(Jamal Khashoggi)는 결혼에 필요한 서류를 발급받기 위해 터키 이스탄불 주재 사우디 총영사관을 방문했다. 그리고 나오지 못했다. 카슈끄지가 총영사관 건물을 들어간 2018년 10월 2일 오후 1시 8분 이후 그를 본 사람은 아무도 없었다*. 추측과 의혹이 난무했다.

그는 사우디의 대표적인 반체제 언론인이었다. 알카에다 수장 오사마 빈 라덴을 수차례 인터뷰하여 이름을 알렸고, 알제리전·걸프전 당시 방대한 인맥과 생생한 필력으로 자신의 가치를 입증했다. 한때 사우디 왕실과 가까웠지만 이슬람 근본주의를 비판하며 그들과 척을 지기 시작했다. 2011년 아랍의 봄 당시에도 민중 혁명을 지지하며 왕실의 분노를 샀다. 2017

---

* 한국일보, "에르도안 "사우디, 카슈끄지 살해 사전계획… 현장 답사도"", 2018.10.24.

년 미국으로 둥지를 옮긴 뒤에는 워싱턴포스트에 사우디의 예멘 내전 개입, 카타르 단교 등을 비판하는 칼럼을 기고했다. 그 대척점에는 현 정권 실세인 무함마드 빈 살만(Mohammed bin Salman) 왕세자가 있었다.

사우디 정부 측은 카슈끄지가 실종된 뒤 한동안 모르쇠로 일관했다. 그러나 그들이 카슈끄지를 납치·살해한 정황이 담긴 증거가 곳곳에서 튀어나왔다. 결정적으로 뉴욕타임즈와 터키 일간지 예니샤파크가 공개한 녹취록에 의해 사건의 전모가 드러났다. 영사관을 들어간 카슈끄지가 이내 15명의 왕실 경호원·군인·법의학자 등으로 구성된 이른바 '타이거 스쿼드(호랑이 분대)'에 의해 고문·살해되었던 것이다. 그들은 카슈끄지를 무참히 폭행한 뒤 손가락을 자르는 고문을 자행하는가 하면, 아직 숨이 붙어있는 그를 책상 위에 올려놓고 톱으로 사지를 잘랐다. 터키 정부는 토막 난 시신이 영사관저에 있을 것으로 판단해 대대적인 수색을 벌였다. 그 결과 관저 정원과 우물 등에서 카슈끄지의 얼굴과 신체 일부가 발견되었다**.

이 사건으로 전 세계는 충격에 휩싸였다. 카슈끄지처럼 저명한 언론인을, 그것도 대낮에 이스탄불 시내 한복판에서 이

** 일요신문, "카슈끄지 죽음으로 본 사우디 왕실 '살인정권'의 실체", 2018.10.27.

렇게 처참히 살해할 것이라고는 아무도 예상하지 못했기 때문이다. 아마 카슈끄지 본인도 그랬을 것이다. 그는 사우디 정부가 개인 비행기로 사우디를 탈출하려던 만수르 빈 무크린 왕자의 비행기를 헬리콥터 미사일로 격추하고, 정부의 경제 정책에 반대하던 술레이만 압둘 라만 알-투니얀 판사가 건강검진을 받을 때 몰래 치명적인 바이러스를 주입해 암살한 집단이라는 것을 간과했다.

언론인 살해가 사실 특별한 일은 아니다. 지난해 멕시코에서만 해도 10명의 언론인이 피살되었다. 전 세계적으로는 총 49명의 언론인이 피살되었는데, 이는 2003년 이래 가장 적은 수치였다. 보통 한 해 80여 명의 언론인이 목숨을 잃는다*.

정부는 항상 언론과 여론을 통제하고 싶어 한다. 사우디아라비아처럼 왕정 국가가 아니더라도 크게 다르지 않다. 불리한 것은 불편해하고 감추려 하는 것이 권력의 속성이다. 대놓고 물리력을 행사하지 않을 뿐이다. 과거 우리나라에서도 정보기관이 기자들을 잡아다가 두드려 패는 것 외에도 기업들을 압박해 신문 광고를 모두 끊어버린다든지, 보도지침을 내려 기사의 크기까지 통제하는 등 다양한 방법이 동원되었다. 군

---

* 미디어오늘, "올 한 해 세계에서 49명의 언론인이 피살됐다", 2019.12.21.

사독재 시절이었던 이유도 있지만, 언론 수 자체가 많지 않았기에 가능했던 측면도 있다. 소수의 TV와 라디오, 신문만 조지면 입을 막을 수 있었다.

하지만 이제는 온갖 데서 언론이 탄생한다. 인터넷 뉴스 사이트들은 물론이고 인터넷 커뮤니티, 소셜미디어도 언론과 비슷한 기능을 한다. 통제하려야 통제할 수 없는 미디어의 흐름을 막아보려다 정권 차원의 사고가 터지는 것은 필연적인 일이다.

보통 공중파 방송, 그중에서도 KBS나 MBC는 사장 인사에 정부가 개입할 수 있기에 친여 성향을 띤다. 그래서 야권 지지자들은 항상 방송 3사를 비롯한 기성 미디어를 불신한다. 대체재로 대안 미디어 수요가 폭발하는 것이 이 때문이다. 박근혜 대통령 당시 팟캐스트가 그랬고, 문재인 대통령 때는 유튜브가 그 역할을 하고 있다. 대안 미디어들은 세게 말해야 잘 팔리기 때문에 기성 언론보다 더 신랄하게 정부를 비판한다. 사실 확인이 안 된 뉴스가 유포되기도 한다. 그래서 정권 차원에서는 항상 골칫거리다.

박근혜 대통령은 재임 당시 1인 미디어와 팟캐스트를 규제하고자 했다. 신문법 시행령을 개정해 인터넷 신문이 5인 이상의 사람을 항상 고용하도록 진입장벽을 높이기도 했다(종전엔 3인 이상). 이로 인해 약 30%가 넘는 인터넷 신문사가 폐간될 처지에 놓였었다. 이후 헌법재판소가 위헌 결정을 내리면서 없던 일이 되었지만*, 정권이 항상 가짜 뉴스를 이유로 반대 여론을 막고자 하는 속성은 변하지 않았다. 팟캐스트 규제는 "공익과 국민의 알 권리"를 명분으로 반대했던 야당이 집권한 된 뒤 같은 논리로 유튜브 규제 카드를 만지작거리고 있으니 말이다.

설령 대안 미디어를 모두 막는다고 해도 일이 끝나지는 않는다. 이제는 댓글도 언론과 유사한 기능을 수행하기 때문이다. 생각해보시라. 우리가 네이버나 다음에서 기사를 읽기 전에 무엇을 먼저 보는지. 댓글 자체가 인식의 틀을 제공하는 상황에서는 댓글도 관리 대상이 된다. 지난 정부 내내 여권을 괴롭힌 국정원의 선거 개입이나 이번 정부가 초창기 큰 곤란을 겪어야 했던 드루킹 사건은 결코 이것과 무관하지 않다. 가만히 있자니 상대방의 여론조작 공세에 당하고, 적극적으로 나서자니 정치적 문제로 불거질 수 있다. 정당은 불가피하게 댓글 전쟁에 참전한다. 각 선거 캠프마다 SNS팀 같은 것이 있는데, 대부분 이렇게 댓글과 관련된 작업을 한다. 그래서 우리는

---

* 한겨레, "인터넷신문에 '5인 이상 상시 고용' 압박한 신문법 시행령, 위헌", 2016.10.27.

댓글 중 간혹 베스트 댓글이 전체적인 의견과 분위기가 다른 것을 보면 의심한다. '양념 당했구나'라고.

넓게 보면 일부 시민 단체의 활동도 여론조작의 범주에 들어간다. 정부는 대체로 집권하면 자신들에게 우호적인 시민 단체를 지원하기 위해 많은 관련 정책(위탁 사업이나 강의 등)을 양산한다. 이로 인해 일반 시민과 다른 여론이 형성되기도 한다. 평소에는 극성맞은 시민 단체들이 여당 의원의 성추문이나 비위 사실이 논란이 될 땐 입을 싹 닫는 것은 이런 이유 때문이다. 그런 단체가 많아질수록 정치는 더욱 양극화하고 혼탁해진다.

미디어에 대한 규제, 댓글 여론조작, 우호적인 시민 단체 지원(화이트리스트)과 비판적인 시민 단체 배제(블랙리스트). 모두 박근혜 정부 때 큰 논란이 된 사안들이다. 하지만 이게 박근혜 개인의 무능이나 집권 세력의 부도덕성으로 말미암아 예외적으로 일어난 일이라고 생각하면 오산이다. 달면 삼키고 쓰면 뱉는 것, 이를 위해 언론과 여론을 통제하고 싶어 하는 것은 권력의 속성이다. 우리가 권력에 대한 감시를 게을리해선 안 되는 이유가 여기에 있다.

권력자들이 흔히 잊는 것이 있다. 제아무리 나는 새도 떨어뜨릴 만큼 강한 권세를 갖고 있다고 한들, 손바닥으로 하늘

평범한 사람들의 정치

을 가릴 수는 없다는 것이다. 자기 눈앞은 가릴 수 있어도 국민 모두를 속일 수는 없다. 이걸 잊은 권력자들이 던진 부메랑은 결국 그들에게 되돌아갔다. 그러니 누구도 국민의 목소리에 손댈 생각하지 마시라. 어차피 역사는 옳은 방향으로 흘러간다.

분노의
타깃

구청장 선거에서 주요 공약으로 우리 구에서 평양을 잇는 고속도로를 연결하겠다고 주장하는 후보가 있다면 사람들의 반응이 어떨까? 황당하다든지 가짜 뉴스 아니냐는 말들이 나올 것이다. 국민을 뭐로 보냐고 욕이나 안 먹으면 다행이다. 그런데 이건 실화다. 내가 사는 서초구에서 벌어진 일이다.

2018년 실시된 제7회 전국동시지방선거는 처음부터 결과가 예견된 선거였다. 자유한국당은 여전히 탄핵의 수렁에서 벗어나지 못하고 있는데 여당은 남북정상회담과 북미정상회담을 연달아 성사시켰다. 정상회담 콤보를 두들겨 맞은 자유한국당은 궤멸하다시피 했다. 경기도의원의 경우 지역구 129석 중 128석을 더불어민주당이 가져갈 정도였다. 민주당은 서울의 25개 구청장 선거에서도 한 곳을 뺀 24개 지역에서 승리했다. 유일하게 서초구청장만 자유한국당 조은희 후보에게 패했다.

재선에 도전했던 조은희 구청장은 일 잘하는 구청장으로 소문 난 사람이었다. 이제는 보편화된 횡단보도 그늘막이나 버스정류장 열선 의자 모두 그녀의 작품이다. 임기 초 꼴찌였던 서초구의 공직 청렴도는 1위로 올라갔다. 국공립 어린이집도 두 배가 늘었다*. 지역 현안에 관한 관심은 공보물에서도 나타났다. 그녀는 서초구 지도를 동별로 쪼갠 뒤 동네별 현안에 맞는 공약을 빼곡하게 기재했다.

반면 여당 후보의 공보물은 문재인 대통령의 사진으로 도배되었다. 도배라는 것이 관용적 표현이 아니라 정말 모든 페이지에 대통령 사진이 들어갔다. 지역 현안에 대한 공약은 좀처럼 찾아볼 수 없었다. 대신 "대통령과 함께 하는"이란 문구들이 그 자리를 채웠다. 서초-평양 간 고속도로를 연결하겠다는 공약은 그 공보물의 클라이맥스였다. 25개 구청장 선거에서 유일하게 서초구에서만 자유한국당이 이길 수 있었던 이유다. 같은 동네에 사는 친구들 사이에선 "당적 떼고 맞붙었다면 몇 배 차이가 났을 것"이라는 이야기들이 나왔다.

사실 문재인 대통령 사진으로 공보물을 도배했던 게 그 후보만의 문제는 아니다. 연이은 정상회담으로 대통령의 인기가

---

* 미디어오늘. "자유한국당 유일 생존 서초구, 무슨 일이 벌어졌던 것일까", 2018.06.21.

치솟자 많은 여당 후보들이 '대통령 버프' 한번 받아보려고 그를 적극 활용했다. 어쩌다 한번 만난 자리에서 사진 한 장 찍었을 뿐인 사람도 자신이 대통령과 가깝다는 것을 어필하듯 온갖 곳에 그 사진을 걸었다. 단언컨대 그는 대통령은커녕 청와대 비서실 한 명의 전화번호도 모를 것이다.

이런 '대통령 팔이'는 박근혜 전 대통령 때도 크게 다르지 않았다. 오히려 더 심했다. 박 대통령의 콘크리트 지지층이 더 두껍고 더 오래갔기 때문이다. 오죽하면 '친박 감별사'까지 나올 정도였을까. 그 그룹이 보여준 정치의 수준과 결과를 모르는 국민은 없다.

대통령 팔아서 선거에 임하는 사람들이 국민을 위한 정치를 할 리 없다. 그들은 대통령이나 그 측근들의 눈치를 보며 어떻게 하면 잘 보일 수 있을지를 고민할 것이다. 눈에 띄기 위해 호위무사를 자처하며 상대방에 대한 막말과 조롱을 서슴지 않을 것이다. 당사자들은 뜨뜻한 자기 진영 안에서 안주하겠지만 그럴수록 우리의 일상은 외면받는다.

보통 정치인을 뽑을 때 인물과 공약을 보라고들 말한다. 그런데 막상 이렇게 하기는 쉽지 않다. 많은 에너지를 요구하는 일이기 때문이다. 공보물을 일일이 훑어보고 기사도 검색해 봐야 한다. 우리는 대개 그 귀찮음을 덜기 위해 정당을 보고 투표한다. 정당이란 가치를 함께 하는 집단이기 때문에 아주 틀린 선택은 아니다. 하지만 꼭 소속 정당이 개개인의 자질을 담보하지는 않는다.

'대통령 버프' 믿고, 소속 정당 믿고 허접한 공약과 메시지로 선거운동하는 건 국민을 호구로 보는 것이다. 이런 정치인을 뽑으면 우리의 일상이 망가진다. 그래서 우리는 귀찮더라도 약간의 수고를 감내할 필요가 있다. 어려울 것도 없다. 선거 때 집으로 오는 공보물만 제대로 읽어봐도 각이 나온다. 인물과 공약을 보고 투표하라는 기본적인 원칙만 지켜도 우리 정치는 변할 것이다.

플라톤은 민주주의가 가난한 사람들을 위한 제도라고 생각했다. 부자보다 수가 더 많아서다. 다수가 지배하는 민주주의는 '떼법'과 포퓰리즘이 난무하는 중우정치로 흐를 수 있기 때문에, 철학자가 국가를 통치해야 한다고 강조했다.

그런데 세상사가 플라톤이 우려하던 대로 흐른 것만은 아니다. 민주주의와 자유시장경제가 보편화된 국가에서, 단지 수적 우위를 이유로 가난한 사람들이 부자들을 이긴 경우는 많지 않다. 조지 레이코프와 같은 학자들은 "보수가 프레임 전쟁에서 승리했기 때문"이라고 주장했다*. 가난한 사람들이 그들의 메시지에 끌려 부자들의 이익을 대변하는 정당에 투표한다는 것이다. 이게 아주 틀린 말은 아니지만, 나는 보다 근본적인 원

---

* 조지 레이코프, 『코끼리는 생각하지마』, 유나영 역, 와이즈베리, 2015.

인은 참여하는 규모에 있다고 생각한다. 그리고 그 규모는 가용 자원에 의해 좌우된다.

정치는 많은 자원을 필요로 하는 일이다. 일단 직접 참여하건 옆에서 의견을 전달하건, 그렇게 할 수 있는 시간이 있어야 한다. 비용도 만만치 않게 든다. 내가 어디에 돈을 쓰지 않더라도 정치를 함으로써 다른 데서 벌 수 있는 돈을 포기해야 하는 비용이 발생한다. 경제학에서 말하는 기회비용이다. 먹고 살기에도 빠듯한 사람들이 정치에 참여하는데 가장 장애가 되는 부분이 바로 이 기회비용이다. 남들 돈 벌 시간에 한가하게 정치권에 기웃거릴 수 있는 사람은 많지 않다. 그럼에도 정치를 하려면 보통의 생활 수준을 포기해야 한다. 거기에 더해 관심을 두고 사안을 이해하려는 의지와 노력도 필요하다. 바쁜 현대인들에게 이건 결코 쉬운 일이 아니다.

청년정치가 매번 군불만 때다가 이내 식는 이유도 여기에 있다. 청년들이 정치에 관심을 두고 참여하기 어려운 환경이다 보니, 이들의 지지를 받고 성장해야 하는 또래 청년정치인들로서는 등에 업을 세력이 없다. 본인이라는 상품을 팔아먹을 시장이 없는 셈이다. 그렇게 청년들의 의견은 과소 대표되고, 악순환은 반복된다.

각 진영에서 극단적인 목소리가 힘을 얻는 것도 이 때문이다. 국민 전체로 놓고 봤을 땐 진보든 보수든 온건한 입장을 갖는 사람이 훨씬 더 많겠지만, 정치권으로 좁혀서 보면 극단적 입장을 취하는 사람들을 무시할 수 없다. 적극적으로 행동하고 투표하는 것은 이들이다. 그들의 목소리가 과대 대표될 수밖에 없다. 현재 보수정당이 태극기 부대에 휘둘리는 이유도 여기에 있다. 하지만 이들은 결코 보수적인 사람들을 대변하지 않는다.

청년정치에 대한 이야기가 나올 때 인구구조가 자주 거론된다. 2030 세대가 현재의 5060 세대보다 수가 적기 때문에, 아니면 투표율이 낮기 때문에 정치가 중장년층에 맞춰 흘러간다는 것이다. 나는 다르게 생각한다. 세대별로 극단적으로 갈리는 투표 성향을 보이지도 않고, 설령 그렇다고 하더라도 2030 세대 수가 결코 적은 것도 아니다. 제20대 총선이 있었던 2016년 기준으로 35.7%나 된다*. 대통령을 만들기는 어려워도, 국회의원 여러 명 만들기에는 충분한 숫자다. 청년정치가 힘을 못 쓰는 게 결코 2030 세대 인구수가 적어서가 아니라는 뜻이다.

그렇다면 해답은 뭘까? 앞서 언급한 시장에 있다. 청년정치인들 혹은 좌우를 아우르는 합리적인 정치인들이 자기라는 상

---

* 중앙일보, "[이훈범 칼럼니스트의 눈] 35% 청년 유권자, 국민 대표는 고작 1%", 2020.01.07.

품을 팔아서 버틸 수 있는 시장 말이다. 그것은 유권자들의 지지와 응원이다. 정치는 목소리 큰 사람들의 것이다. 그런데 대부분의 평범한 사람들이 꼴 보기 싫은 정치인을 욕할 때는 많아도 지지하는 정치인을 응원하는 경우는 거의 없다. 반면 극단적인 세력은 댓글이든 후원금이든 투표든 다방면으로 엄청난 양의 '아이템'을 제공한다. 청년정치, 진영을 넘어서는 정치의 미래도 여기에 있다.

괜찮은 정치인, 자기의 입장과 고민을 대변해주는 정치인들을 적극적으로 응원해주시라. 그들은 분명 그 응원을 등에 업고 좋은 활동으로 보답할 것이다.

국회에서 일하던 시절, 예산안 심사와 관련해 국회의원들의 대화를 어깨너머로 들은 적이 있다. 이거는 너무 많으니까 얼마 깎고, 저거는 지난번에도 챙겨준 데니까 얼마 더 깎고. 자세한 수치가 기억나지는 않지만 뭐 대충 이런 내용이었다. 수십, 수백억 원이 그 자리에서 왔다 갔다 했다. 조금은 어안이 벙벙했다. 예산안 심사라든가 정책을 추진하는 일들이 체계적인 데이터에 기반해 매우 과학적으로 추진되는 것으로 알고 있었기 때문이다. 의원들의 기분에 따라 이렇게 평생 보지도 못할 큰돈이 오갈 줄은 꿈에도 몰랐다. 우리가 '쪽지 예산'이라고 부르는 지역구 예산 챙기기는 이런 배경에서 나온다.

비단 '쪽지 예산'뿐만이 아니다. 정부나 지방자치단체가 시행하는 사업도 데이터보다는 의사 결정권자들의 개인적 아이디어에 의해 추진되는 경우가 많다. 그래서 때때로 상식을 벗어나는 정책이 나온다. 2016년 행정자치부가 '가임기 여성 지도'와 같이 황당한 것을 만들어 공개한 것이나, 2019년 성남시에서 폭염을 극복하겠다며 각 버스 정류장마다 어린이만 한 얼음덩어리를 가져다 놓은 것이 대표적인 사례. 이런 정책들을 만들고 시행하는 데 들어가는 돈은 당연히 우리 세금에서 나온다. 영수증을 첨부하지 않아도 되는 특수활동비가 도마 위에 오르곤 하는데, 나는 특활비보다 이런 어처구니없는 정책에다가 세금을 쓰는 게 더 문제라고 생각한다.

지금까지의 사례들에서 말하고 싶은 것은 정치가 생각만큼 과학적이거나 전문적이지 않다는 것이다. 명문대를 나와 온갖 고시에 합격한 엘리트들이 저런 실책을 범하는 것을 보면 지식이 많다고 정치를 잘하는 것은 아님을 알 수 있다. 지식과 지혜는 별개의 것이다. 정치에서 무엇보다 중요한 것은 지혜로움, 보통 사람의 상식선에서 판단할 줄 아는 능력이다. 이것을 정무적 감각이라고 한다. 내가 어떤 발언을 하고 어떤 정책을 추진할 때 사람들이 어떻게 평가할 것인지를 판단할 수 있는 능력 말이다. 그토록 공부한 엘리트들이 "책상을 '탁'하고 치니 '억'하고 죽었다"라든지, "하루 최저생계비 6300원으로도 황제의 밥상을 차려 먹을 수 있다"라고 실언하는 것은 모두 정무적 감각의 결여에서 나오는 것이다.

물론 정치인은 정책을 입안하고 추진하는 과정에서 많은 자료를 참고해야 한다. 하지만 김영삼 전 대통령의 말마따나 "머리는 빌리면" 된다. 정치인에게는 국내 최고의 전문가 집단인 공무원들을 가용할 수 있는 권한이 있다. 그래서 단편적인 지식보다 국민의 삶을 어떻게 바꿀지에 관한 가치와 비전이 더 요구된다.

그런데 많은 정치인이 평범한 사람들의 삶을 잘 모른다. 서울 시내버스 요금이 70원인 줄 알고, 치솟는 월세로 힘들다는 청년들 앞에서 건물주도 힘들다는 이야기가 나오는 것은 그들의 인성이 나빠서가 아니다. 정말 모르기 때문이다. 우리가 목소리를 내야 하는 이유가 바로 여기에 있다.

우리는 으레 정치란 어렵고 전문적인 것이란 생각에 참여를 꺼린다. 쏟아져 나오는 난해한 용어와 사상들은 우리를 무릎 꿇게 한다. 하지만 당당해져도 좋다. 정치에서 전문 지식보다 중요한 것은 세상을 바라보는 지혜다. 역사를 보면 지식이 많은 정치인보다 지혜로운 정치인이 더 많은 사람의 존경을 받았다.

청년이라고 봐주지 마라

컴퓨터를 오래 쓰면 느려진다. 온갖 프로그램이 설치되고 인터넷 사용기록이 쌓이기 때문이다. 심지어는 악성코드가 숨어들어올 때도 있다. 안 쓰는 파일을 삭제하고 클리너 프로그램을 돌린다 한들 컴퓨터는 빨라지지 않는다. 적체된 파일들을 끌어안고 컴퓨터를 원래대로 돌려놓기란 쉽지 않다. 그때는 포맷 밖에 답이 없다.

한국 사회에서 성공한 사람들은 그 자리에 오르기까지 주변으로부터 많은 빚을 진다. 꼭 돈만이 아니다. 인맥이든 기회든, 오랜 시간에 걸친 크고 작은 도움이 모여 '성공한 사람'을 만든다. 국회의원도 마찬가지다. 국회에서 대다수를 이루고 있는 5060 세대가 혼자만의 힘으로 국회의원 배지를 다는 것은 불가능하다. 특히 지역구 의원은 지역 내에서 정말 말할 수 없을 만큼 무수한 인연을 맺고 그들에게 도움을 얻어가며 선거에 임한다. 그래서 당선되면 얽히고설킨 이해관계를 고려해야 한다. 선거가 거듭될수록 그와 지역 내 도움을 주는 사람들 간의 관계는 돈독해진다. 이 때문에 택시를 대중교통으로 인정하고 지원하자는 우스꽝스러운 법안이 나오기도 하고, 국공립 유치원은 폭증하는 수요 속에서도 좀처럼 늘리기 어려운 것이다. 국회의원들의 머리가 나빠서가 아니다. 단지 그들이 지역 내 이익집단들, 혹은 그동안 도움을 준 사람들의 눈치를 봐야 하기 때문이다.

진영 논리의 근원도 다르지 않다. 정치 집단은 거대한 이익을, 또는 그를 쟁취하기 위해 함께 해온 역사를 공유하는 집단이다. 짧게는 수년, 길게는 수십 년간 그 목적을 달성하기 위해 함께 달려온 이들에게 반기를 드는 것은 결코 쉬운 일이 아니다. 비록 그들이 비상식적이고 정의롭지 못한 길을 가고 있더라도 말이다.

청년정치가 필요한 이유가 여기에 있다. 사회적으로 빚을 덜 진, 유능한 청년들이 정치권에 진출할 때 정치든 사회든 제대로 된 개혁이 가능하다. 기성세대보다 이해관계, 진영에서 자유롭기에 상식적인 정치를 펴나갈 수 있다. 나는 지금의 2030 세대들이 경직된 이념이 아닌 일상의 경험에서 우러나오는 정책을 생산할 역량이 충분히 있다고 본다.

하지만 그들은 앞에 놓인 숱한 난관을 넘어야 한다. 인식과 편견, 그리고 기성세대에게 유리하게 짜인 제도들이 그렇다. 돈과 조직이 없는 청년들로서는 쉽지 않은 대결임이 분명하다. 그래서 많은 청년정치인이 쉬운 길을 택한다. 유력자에게 줄을 서고, 당의 입장에서 조금도 벗어나지 않는 주장을 한다. 이것은 그 자신에게도, 그리고 그를 바라보고 있는 또래 세대에게도 비극이다.

2018년 있었던 지방선거도 그 연장선에 있었다. 많은 청년이 선거에 도전장을 내밀었고 그에 비례해 적지 않은 수의 청년들이 지방의회에 진출했다. 하지만 그 이면을 살펴보면 썩 기분이 좋지만은 않다. 이미 결과가 결정된 것이나 다름없던 그 선거에서 청년들을 지방의회로 보낸 것은 개개인의 비전과 매력이 아닌 당의 힘이었다. 각 당의 이해관계에 따라 말 잘 듣는 청년들에게 떡고물을 조금 나눠 주었을 뿐이다.

청년정치라 하면 언제나 청년비례나 청년공천할당 따위의 이야기들이 거론된다. 물론 어느 정도 비례대표를 통한 진출은 필요하겠지만 그게 청년들이 국회에 진출하는 유일한 길이 되면 곤란하다. 이는 기성세대의 말을 잘 듣는 나팔수들만 양산할 뿐이다. 청년들이 자력으로 국회에 진출하지 못하고 당의 선의에 의존해야 한다면 청년정치인의 성장도, 정치 개혁도 요원하다.

가장 중요한 것은 청년들이 기성 정치인들과 공정한 장에서 대결할 수 있도록 선거법을 정비하는 것이다. 진영에 구애받지 않고 자기 소신을 펼 수 있도록 정당 문화를 개혁하는 것 또한 필요하다. 청년들이 자신의 힘으로 선거에서 승리하고 국회에 진출할 수 있을 때, 우리가 이상적으로 생각하는 정치도 구현될 것이다.

청년이니까 비례대표를 늘려달라고, 공천의 몇 퍼센트를 청년들에 할당해달라고 하고 싶지 않다. 다만 돈과 조직이 없어도 실력으로 붙을 수 있는 공정한 장을 원할 뿐이다. 청년이라고 봐주지 마시라. 능력과 콘텐츠를 가지고 경쟁하겠다.

상식적인 정치를 위해서